# 王乃譽日記

第五册

海寧市史志辦公室 編

主編 張鎮西 副主編 王亮 虞坤林

中華書局

# 畫粕第一

畫粕

宋元以來畫雖得見況又前乎董文敏云神猶火也畫雖亡而名存神固在也殘然而淡之嗜畫者不見夫真無庸以名存而火似熄矣予不令其徒佃抱窮太息而不能寧神今就其名存而神在者惟有錢調湖清和書畫舫消夏錄等書可略見矣余謂嗜外畫不見古跡猶之讀書無圖經史不見明以前諸跡猶之無文選古文不見國初諸老之跡猶之童蒙僅讀時文序之後畫乃直是唱道情文書而已故畫必以見古跡為快所不嗜畫者可已矣凡嗜畫者為幸居是然陳積習而為廣陵散絶何用陳此無復所為高致耶蒙而名畫所僅存入錄者將以為畫題首畫之此名存者亡不勝計更歸化其存其粕者故曰畫粕

粕不可爲酒，然而猶有酒氣味也。今之所謂畫，直破耳，安所得其氣味耶？雖然，要真氣味者，必當不離本色，要經畢世皆敗壞不可鬻，真賞之餘耳，蔑之三歎。

自題

戊戌十月望後何書

畫粕　清和書畫舫　[illegible]

名畫　[illegible][illegible]兵符畫　顧愷之稽平起石圖　列女畫　王獻之潘

洼馬畫　戴逵古詩十九首圖　謝稚三牛　衛協述古畫　畢元章

蕃客入朝畫　即名畫記所載職貢圖　陸探微文殊降靈　西番作山　尉遲乙

僧龜茲舞女　張僧繇大力菩薩　五星二十八宿　摩利支天菩薩

高僧像　展子虔五星　董伯仁雜畫臺閣樣　唐閻立本太宗步

輦圖　神駿圖　維摩像　閻立德掃象圖　馮子仰　薛稷鶴

唐人明皇宴游圖　王維異域圖　漁父　孟浩然像　進秦所　行道

僧　周昉天官像　一至　横笛士女　試女名道　五星　王子晉　盧楞伽

維摩像　渾侍中宴魚射圖畫　張萱號國夫人夜游圖　宛

暉棠工鵪子　山鵲噪鷹畫　樂士宣鸛鴿　刁光胤蝶茹菜　一本分

陸文通霧鎖秋林　張嘉寫幽谷自然　常粲佛因地　貫祥閱梵圖

陸瑾溪閣閑棊　張菱菩　孫可元山寺晚照　陳坦豐年圖　巨然江山平遠

江山晚興　王士元山水　梁揆蓬溪漁父　陳擢枯木山水　李延之雙蟹

徐熙杏花　折枝梅花　徐崇嗣竹梢小禽　李後主江山擅勝　張訓禮　王子學

閻夫圖　黃荃王母會仙　惠洪秋塘　黃居寀寫生　董元溪岸圖

煙嵐重溪　宗婦曹氏煙灘牧羊　范寬雪山　雪霽僧歸　秋山畫

郭熙溪山　晚秋平遠　喚渡圖　李洪栗真人　許道寧漁歌唱晚

層巒漁浦　宋迪清江疊嶂　燕肅秋山旅思　牛戩山雪圖　寒

溪獨釣　易元吉竹石蹊猿　子昂　寫生雜菜　蟻陳畫　羣獐

子母猿猴圖　槲葉戲猿　玉安垂猿　王晋卿烟江疊嶂　太祖禹
連山絕澗　層巒古剎　溪山勝賞　四景圖　李成雪山行旅
雀白魚　白飛熟　黃筌土牛　滕昌祐鵝　袁嶬游魚　黃居寶秋塘
聚禽　蘇天馭三馬　李伯時天神像　天育驃騎　村歌社舞圖
西旅獻獒　王子蒙　西京宸游　飛騎習射　賞忘降靈　李白撻
波風月　臨顧愷之女史箴　于闐獅子　王子蒙　陽關圖　霍清夫　歸去
來　九歌圖　五馬　王子蒙　臨周景高　桂書殿圖　山莊圖　一名山居　莫獻
圖　五王醉歸圖　三馬　東坡畫贊　會僊圖　慈孝故實圖　子昂
天馬圖　王子蒙　家宅圖　張果老　郝仲常蘭亭圖　高僧誦經

圖　米元章壯觀圖并詩賦　九老畫　海嶽菴圖　王介石　瀟湘奇
觀圖　南山萬松圖　蘇東坡戲山叢篠　平岸古木　蘭竹危崖
米元暉岩　江山霽日　湖山春曉　明山一元　若溪　瀟湘妙趣　遠岫晴
雲　村步晚峯　趙大年小景　五柳圖　趙千里扇暍圖　并劉寵
畫　長江六月圖　白鹿杏樨　赤壁圖　溪山晚照　乘鸞女　僧梳
隆陽閒畫　十指畫　卞莊刺虎　護法神　明皇夜游畫　擲果圖
三笑圖　東坡海神畫　清曠圖　歸去來畫　惠崇汀柳家鵝
李唐長夏江寺　晚霽橫看　清曉卷舒　烟林春牧　江堤呼渡
江天暮雪　列子乘風　采蘭圖　賀監游湖　雪溪傳棹　雲合煮茶
李公年踈林晚岫　竹石吳牛　薛紹彭　諸閣史書蹟圖　楊補之寫

雅集圖

已上畫皆是手卷大者至生絹其中多佳品今散落人間者往往皆是也　雲烟過眼錄

晉明帝畫穆天子燕瑤池圖

宋思陵家畫本以穆天子燕瑤池爲第一神品上上係明帝真筆乃隋朝官本已貞觀公私畫史所載也明帝畫本師王廙而沈著過之其圖止是一卷宋武臣吳元瑜演爲三卷

史記列士圖　息民蘭圃圖　洛神賦圖　穆天子燕瑤池圖　漢武回中圖　殷將圖　雜人物風土圖

右八卷晉明帝畫隋朝官本　貞觀公私畫錄

明帝諱炤字道鎮元帝長子有識鑒善書畫 畫史會要

米氏畫史云鑒閱佛像故事圖以勸戒爲上其次山水有無窮之趣尤是煙雲霧景爲佳其次竹木梅石其次花草至於士女翎毛貴游戲閱不入清玩

總管大中遼陽趙伯昂仁舉收藏吳元瑜瑶池圖二卷 一作王母冠玉冠乘金車駕二龍前後女從各執旌節導引擁龍控鶴者亦二髻女童甚奇卷尾作金池即瑶池也 一作穆王坐金殿挾金椅而王母與一戴冠婦人鼎峙而坐彼云右坐者上元夫人也卷極精緻而有院體 前後政和七印 佑陵題 宣和畫譜云三卷今止二卷 雲烟過眼錄

顧膺之

衛索像　清夜游西園圖　和平牧羊圖

附晉人畫張茂先女史箴圖　宋少文秋山圖　王洽潑墨山九

唐人捕魚圖　顧閎中韓熙載夜宴圖　趙令穰江鄉雪意

圖　趙伯驌桃源圖　張擇端清明上河圖

傳聞嚴氏藏顧愷之清夜游西園圖奇古無倫歟又晉人畫張茂先女史箴圖陶宏景山居圖宗少文秋山圖展子虔春游圖吳道元水月觀音虞相閻立本職貢圖王維輞川圖李思訓海天落照圖王洽潑墨山水唐人捕魚圖荊浩古松圖顧閎中韓熙載夜宴圖李成寒林平楚圖張擇端清明上河圖燕肅牛頭山望圖李公麟便橋受降圖米芾淨名齋圖趙令穰江鄉雪意圖趙伯驌桃源圖馬和之唐風十二篇趙子昂重江疊嶂圖黃公望萬壑

秋壑圖、王蒙聽雨樓畫、倪元鎮黄鶴山居畫，皆真跡妙絶，未之目也。今大半歸佛太史家矣。

東坡題顧愷之畫黄初平牧羊圖贊　先生養生如牧羊，放之無何有之鄉，止者自止行者行，先生超然坐其旁，挾策讀書羊不忘，化而爲石起復僵，流涎磨牙笑虎狼，先生指呼羊服箱，號稱雨工行四方，莫隨上林芑鶬郎，顛門舐地尋鹽湯。東坡全集

董逌畫跋　愷之畫牧羊圖　牧羊圖本，曾魯公子紆以辠沒入秘閣，畫羊皆作奔狀，如墳墓間躍羊伏獸，牧者乃羽服道士，初未見貴安，以是不入校錄。明年少監羅時始令工者就裝軸，列畫錄中。同舍方會昇工圖之。既成，三月有詔取入禁中，或疑其名，余曰此金華牧羊兒也昔

初平牧羊道士見之將入石室四十餘年其兄宗得問羊何在曰山東兄往視之但見白石耳乃往叱之羊起於是白石皆變爲羊衆曰哉請書之

廣川畫跋

王家顧淨名天女長二尺五應名畫記所述小身維摩也匣唐鏤牙軸紫錦裝褾李公麟見之賞不已觀標白玉牌鼎銘古篆帶頭金粟字皆躡雲鶴以結緣也 米氏畫史

劉璦收碧牋王帖工有句德元圖書記保合太和印及題跋佳歲常愛王家顧愷之淨名天女欲以畫易吾答以若男子敬帖便可易伯玉答曰此於披沙揀金者語甚妙

余白首收晉帖止於謝安一帖開元書中御府物并入王涯家右軍之帖正觀御府物子敬一帖有褚遂良題印又有丞相王鐸家印記及顧愷之畫淨名天女戴逵觀遂以所居命為寶晉齋也見米氏畫史

清夜游西園圖者顧長康所畫有梁朝諸王跋尾詞云圖上若干人並食天厨唐貞觀中褚河南裝褙題字具在其圖本張惟素物傳至相國張宏靖家宏靖元和中自奉詔取之是時并鍾元常書道德經一部後中貴崔潭峻自禁中將出復落人間有張惟素子周封涇川從事秩滿居京一日有人將此求售周封驚異之遂以絹數匹易經年忽聞款門甚急見數人同　中尉願以三百

秦易公清夜游西園圖周封悍其迫脅遂以圖授之翊日果齎緝至後方知其偽乃是一豪士求江淮大帥院時王厓判臨鐘酷好書畫謂此人曰為余訪清夜游西園當遂公所請因為計取之耳及王家事起後流落一粉鋪家末氏為郭承嘏侍郎閽者以錢三百市之以獻郭公郭公卒又流傳至令狐相家一日宣示問相國有何名畫相國具以圖對即時復進入內　圖畫聞見誌

董逌書清夜游西園云王逸少蘭亭世稱筆墨諸絕唐諸子翻搨其畫至晉逮今蘭亭真本不見傳于世者皆臨摹之遺也然世猶以此書至矣豈典刑未泯猶規循矩可以髣髴之故自佳致哉觀

鄭虔莊所得西園畫此殆善於摹搨爲工者不知其取自何年而粉丹皆盡惟券墨僅可見此殆善於摹搨爲之筆墨奇古擺脫俗韻只在人物態度猶是當時風流氣習可以想見顧後世畫工筆力不能到也顧長康初以曹子建詩爲此圖在梁朝入録爲第一逮唐褚河南得之後入張惟素家至宏靖進入其後崔潭竊出張周封得之又爲王虔人所藏涯亡此畫入民居鄭承畋以重金購得之而令狐崇復得以進唐末兵亂遂失所在非賴摹傳將遂泯滅無見也　廣川畫跋

晋顧愷之畫女史箴真跡　班姬有辭割歡同輦夫豈不懷防微慮遠道罔隆而不殺物無盛而不衰日中則昃月滿則微崇猶塵積

替若駭機人咸脩其容莫知飾其性性之弗飾或愆禮正斧之藻之克
念作聖出其言善千里應之苟違斯義同衾以疑夫言如微榮辱由茲
勿謂元漠靈鑒無象勿謂幽昧神聽無響無矜爾榮天道惡盈無恃
爾貴隆隆者墜鑒于小星戒彼攸遂比心螽斯則繁爾類歡不可以瀆寵不
可以專專實生慢愛極則遷致盈必損理有固然美者自美翻以取尤冶容
求好君子所仇結恩而絕實此之由故曰翼翼矜矜福所以興靜恭自思榮顯
可期女史司箴敢告庶姬顧愷之畫 宸〇 虎頭與桓靈寶論書在
亦不減此女史箴風神俊朗欲與感甄抗衡自余始為拈出千載快
事也其昌真蹟

女史藏橫卷在劉有方家，已工筆彩生動，鬚髮秀潤。太宗實錄購以歸

筆一卷。今士人收得唐摹顧筆列女圖，至刻板作扇，皆是三寸餘人物。

劉氏女史藏一同。宋氏畫史

王洽，或云名墨，畫師項容，風顛酒狂，能以頭髻濡墨作畫，亦一奇也。洽蚤

年授筆法于鄭虔，虔筆深有奇趣，後以筆法授顧況，況頗為雄壯。貞元末

洽卒于潤州，舉柩若空，時人皆云化去矣。名畫記

王洽潑墨成圖，掃盡俗工刻畫陋習，足稱米高鼻祖，惜其畫本罕

存，幾為烏有，先生良可太息。

錫山華氏藏唐人捕魚圖一卷，運筆古雅，無名人畫更佳，好事者謂

為王維，極謬。維畫原係單行小直幅，元時在司逢家見之，雲煙過

眼錄呂宣和明昌御題　記也　同上

宗室令穰大年作小軸清麗雪景類世所收王維汀渚水鳥有江湖意　米氏畫史

光州防禦使令穰字大年雅有美才高行讀書能文少年目誦杜甫詩見唐人畢宏韋偃志求其跡師而寫之不歲月間便能逼真時賢稱嘆以為貴人天質自異意所專習度越流俗也其所作多小軸甚清麗雪景類世所收王維筆汀渚水鳥有江湖意又學東坡作小山叢竹思致甚佳但覺筆意柔嫩實少年好奇耳若稍加豪壯及有餘味當不在小李將軍下也每就一圖必出新意或戲之曰此必朝陵一番回矣蓋譏其不能遠適所見止京洛間不出五百里內故也大年既得名誅求其跡

無少暇時擲筆大呪然曰藝之役人如此然業已得名無可奈何山谷嘗
咏其蘆鴈云揮毫不作小池塘蘆荻江邨鴈落行雖有珠簾巢翡翠不
忘烟雨罩兕央然初政貫畫謂更屏聲色裘馬使胸中有數百卷書
當不愧文與可蓋見其少作耳目今觀之其有宋之江都王滕王耶　畫繼
趙子昂題王子慶所藏大年墨鴈　鴻鴈栖栖遵渚黃蘆索索鳴秋菼
穀承平公子筆端萬里滄洲　松雪齋集
趙令穰大年宗室也游心經史戲弄翰墨尤工草書嘗作小字如聚
粟米如聚鍼鐵筆遒而且法觀之使人目力茫然真可喜也　書史會要
趙大年平遠寫湖天渺茫之景極不俗然不耐多皴雖云學王維而
維畫正有細皴者乃于重山疊嶂有之趙未能盡其法也

大年兒戲所謂書窗涴壁不能嗔者也今具得意遊與李將軍
爭衡耶 山谷題跋

吳寬爲李賓之題趙大年雪景 故縑斷裂如刻鏤上有雪圖
世希有墨痕隱〻題名存熟視始知元祐手疊峰層巒失翠微高
原淡留斜暉歲云暮矣北風急摧舍漁莊俱掩扉踈林宗〻寒
鴉返意中不覺西淮遠海子橋西郷巷深影馬何時步魚堰 家藏集

趙大年江鄉雪霽圖 我昔江鄉遊水際放懷頗爲鱸魚鱠征鞍
自笑擁重裘冱凍于時天地閉太冥久陰晦長風蕭〻雲著地樹枯
葉落空槎枒敗葦黃蘆憔悴蘭橈布帆在何許但見寒鴉騰
陣勢寒鴻飛起稻粱謀鷗鷺羣鳧猶水戲江上豪家百不憂

已備金帳羊羔醉安知不有戴安道應擬幽人乘興至浙江畫史奪天工一幅生綃生巧思開面宛似昔遊時知是江鄉描雪意　蜀人虞輔〇　密林蔽日青蒙茸兩岸都歸烟霧中　分明罨畫溪頭景只有垂綸一釣翁〻莫放扁舟到沙上鴛央方好睡落盡桃花不出溪夜來細雨春流膩　吳寬

趙伯驌桃源圖一後有高宗書淵明詩文真蹟上〻按伯驌乃伯駒之兄高宗時嘗奉詔寫天慶觀樣命吳中依樣造之今元妙觀是也其畫世不多見此圖舊藏宜興吳氏嘗請仇實甫摹之與真無異其家酬以五十金由是人間遂多傳本然精工

不逮仇作矣　嚴氏書畫記

張擇端清明上河圖舊藏宜興徐文靖家後歸西涯李氏李歸陳湖陸氏〻〻子負官緡質於崑山顧氏有人以千二百緡贖之嚴分宜然所畫皆車舟城郭橋梁市廛之景亦宋之尋常品無高古氣也○相傳張擇端清明上河圖卷原係白描之筆至世宗時命畫院能手加設色焉此好奇之謬非雅語也

張正道清明上河圖　翰林張擇端字正道東武人也幼讀書游書學于京師後習繪事本工其界畫尤嗜於舟車市橋郭徑別成家數也按向氏評論圖畫記云西湖爭標圖清明上河圖

選入神品藏者宣寶之。大定丙午清明後一日燕山張著跋。○右故宋翰林張擇端所畫清明上河圖一卷，金大定間燕山張著跋云：向氏圖畫記所謂選入神品者是也。我元之至正辛卯，準寓薊口，久猶訪古今名筆以新耳目，會有以斯圖見喻者，且云圖初留秘府，後為官匠裝池者以似本易去，而售于貴官某氏，某後守真定，主藏者復私之以鬻陳氏，陳得之且數年，坐他事稍窘急，又聞守且歸，恐遂速禍，思因欲竊付諸賢士君子，準聞，即傾橐購之，蓋平生癖好在是也。卷前後有徽廟標題，後有亡金諸老詩若干首，私印之雜識于詩後者若干枚，其位置若城郭、橋市、屋廬之遠近高下，草樹馬牛驢駝之大小出沒，以及居者、行者、舟車之往還，先後皆曲盡其意態，而莫可數計。蓋汴京盛時偉觀也。汴自朱梁來，消耗極矣。至宋列聖休養百年，始獲臻此。在當時君相之勤勞，庶幾可為之茂美者乎。按圖想其一時畫者之意，蓋將以觀當時事誇後代也。不然擇端于時而思殫其技，以傑然自異於衆史也。何其精能之至，而豪髮無遺恨歟。此豈一朝夕所能然者？其用心亦良苦矣。無何，京、攸父子以權奸柄國，使萬姓愁痛，強虜桀驁，而汴之受禍有不忍言者。噫！是圖脫稿曾幾何時，而向之承平故態已索然，荒煙野草之不勝其感矣。當是時，城外內之金帛珍玩恨殆盡，而是圖獨淪落動合

踰二百年而不甚毀壞豈有數耶自時厥後其地遂終不覩漢官
而困于戰爭且日甚雖欲求卷中所畫彷彿又安可得矣嗚呼都
邑廢興雖係運數而人謀弗臧蓋各有自天津閔鶚之歎崇宣秉
政之臣謂非基於熙寧大臣之謬誤可乎其所以致汴之陸沉而不可
復振者亦必有任其責者矣今天下一家前代故都咸沐聖化其生
聚浩穰宜不減昔惜吾未得一一躬造其地以覽觀其盛故於是卷
既嘉其用筆之工而又因以識予之感慨云至正壬辰九月翰林西昌玉叢
袁士楊準跋　鐵網珊瑚　予藏南唐御府書評有北燕張氏印手觀
其跋清明圖者知著乃金人也　○準字公平
另有南濠文跋與上跋同

曹弗興

曹弗興兵符圖高頭行光有梁太清隋大業唐貞觀三朝御題絹本大着色其曹弗興小字題名積成墨地白字亦一奇也畫鑒疑為臨本過矣豈别卷耶又晉人小楷曹娥碑真跡絹素完好墨色盡欽而鋒穎如在當是墨池神品予細按之自晚唐以前題跋皆真石刻上思陵子昂識尾刻本之刻所未見者或亦疑為思陵摹本又如雅須二物並在韓太史家真瑰璧也鄒延又云六朝蕭雅草書帖陶宏景黄庭外景經真蹟筆法妙絶姿態横生惜今屬之他姓矣

韓氏藏曹弗興桃源圖前有天監年標題中有攆昌黎歌行一篇後有宣和御筆題識印記雖舊物而不真按桃源事于陶靖節一記弗興焉得預為圖之不識丁人杜撰可哭是日又見李白詩帖小楷具字粗可觀董帋殊敗人意四邊嶽廟思陵許有壬等跋皆偽跡題簽不知韓太史以何因緣收此瓦礫雜之夜光連城間也愛忌其醜良可太息

南北朝　陸探微

道相圖　降靈文殊像

宋忠僖家陸探微降靈文殊像妙入神見之雲烟過眼錄

中郎裔仲山藏本真跡神品上上按探微本吳人以善畫事宋明帝六法咸備前無古人也陸探微之硯憎之齋名余平生止見文殊降靈真跡部從人物共八十人飛仙四各有妙處內亦有畫傳手持髑髏盂者蓋西域俗然此圖行筆緊細無纖毫遺恨望之神采動人真希世之寶也今藏秘府後見維摩像觀音像摩利支天像皆不逮也張彥遠謂運筆遒舉風力頓挫一點一拂動筆新奇非虛言也

畫鑒

古之秘畫珍圖名隨意立典範則有春秋毛詩論語孝經爾疋

尋圖上古之画多遺名姓其次後漢蔡邕有講學圖梁張僧繇有孔子問禮圖隋鄭法士呂明皇朝會圖唐閻立德有封禪圖尹繼昭有雪宮圖觀法則呂帝舜娥皇女英圖亡名氏隋展子虔有禹治水圖晉戴逵有列女仁智圖宋陸探微有勳賢圖忠鯁則隋楊契丹有辛毗引裾圖唐閻立本有陳元達鎖諫圖吳道子朱雲折檻圖高節則晉顧凱之之有祖二踈圖王廙木鴈圖宋史藝有屈原漁父圖南齊蘧伯珍有巢由洗耳圖壯氣則魏曹髦下莊刺兕圖宋宗炳有師子擊象圖梁張僧繇有漢武射蛟圖寫景則晉明帝輕舟迅邁圖衛協

有穆天子讌瑤池圖史道碩有金谷園畫顧愷之有雪霽望五
老峯圖靡麗則晉戴逵有南朝貴戚圖宋袁倩有丁貴人
琵琶畫唐周昉有楊妃架雪衣女亂雙陸局畫鳳　　南齊毛
惠遠對中溪谷村墟圖陶景真有永嘉屋邑畫隋楊契丹有長
安車馬人物圖唐韓滉有堯民鼓腹畫　以上圖畫雖不能盡見其
蹟前人載之甚詳但愛其佳名聊敘取一二類而錄之　圖畫見聞志
膠西蓋公堂照壁畫贊　并引　陸探微畫師子在潤州甘露寺李
衛公鎮浙西所留者筆法奇古絕不類近世余為甘露寺詩云破板
陸生畫猊戲盤珊上有二天人揮手如翔鸞筆墨雖欲盡典型

至不刊者也熙寧九年十一月十五日命工摹置膠西蓋公堂中且贊云云高其仰目其鼻奮鬚吐舌威見齒舞其足前其耳左顧右盻喜見尾雖猛而和蓋其戲置之高堂護燕几嗚呼顛沛走百鬼嗟乎妙哉古陸子東坡全集

郭若虛有云佛道人物士女牛馬近不及古山水林石花竹禽魚古不及近何以明之顧愷之陸探微張僧繇吳道玄及閻立德立本皆純重雅正性出天然吳生之作為萬世法號曰畫聖張萱周昉韓幹戴嵩氣韻骨法皆出意表後之學者終不能到故曰近不及古如李成關仝范寬董源之跡徐熙黃荃居寀之蹤前不藉師資後無復繼踵

者借使二李三王復起邊鸞陳庶之倫再生亦將何以措手其間哉

故曰古不及近此語亦定論也然人物以吳生爲聖山水以營丘爲神由此推之則仲宋當推伯時元初必讓子昂蓋二君雖不能凌吳蹈李而能兼攝二家之長故也　藝苑卮言

## 張僧繇

### 五星二十八宿真形圖　摩利支天菩薩像

張僧繇五星二十八宿真形圖狀貌奇詭筆墨精彩尤是設色濃古位置爾雅品在閻立本吳道子上此卷畫圖奇絕而篆文星法更妙故松雪翁跋極稱許之舊爲趙蘭坡所藏今在韓宗伯存良家

故宮乃一見

展子虔　長安車馬人物圖　春游圖

展子虔大李將軍之師也畫品入神秀潤無比王氏藏其人物一卷

宋爲希古品在春游圖上印見秘畫史所載　山谷集中七言絶句云人間

猶有展生筆　物蒼茫烟景寒常恐花飛蝴蝶散明窗一日百回

看其爲前人許可如此

展子虔春游圖　御書半印　展子虔春游圖　宋徽廟瘦金書籤

唐宋人書畫不可日色中展玩多至損壞印微有墨濕祇須風

日晴美時案頭舒卷今乃同讀山谷集題展子虔絶句　雨窗漫筆

## 尉遲乙僧

雲蓋天王圖

尉遲乙僧之畫近世罕覯其蹤故於晉唐道釋部中不復甲乙近始瞻蔵宋褙著色天王像卷欣羨無已得之最晚知之為最深若非目覩眞蹟幾失一國士矣為述贊云乙僧善筆法清圓天王小像窮工極妍頡陸為友閻吳比肩焚香展閲翩然欲仙向後吳道元托塔天王雲蓋天王并從此本翻出其沉着處殆不及耳

立軸作袖卷裱自北宋始

思陵秘府畫無貝装裱標裁制各有尺度印識標題具有儀式詳楳癸辛雜識內一應古畫如有宣和

御書題名並行折下不用別令曹勛等官驗易行撰名作每目進呈取旨其言如此予家收藏尉遲乙僧天王現已宋仁宗徽宗高宗三朝御璽題記并金章宗賈秋壑及元文宗印記則周公謹之言殊不然也

閻立本

文殊詣維摩問疾圖　職貢圖

金閶史氏示余閻立本文殊詣維摩問疾圖絹本大着色樹石古雅人物生動無怪立本重於當時號為丹青神化真不虛也第閻筆傳世不多生平所見僅此閻及閻畫掃象

圖未及見

董逌畫閻立本渭橋圖云渭橋當漢受呼韓邪朝正月于渭上者也紹聖三年邵仲恭出其圖且訪其畫長闊遠近或不可料至芙蓉李吉親見一時人馬屋木全失形似大不與今世畫工所見相類此其理何哉余曰世之論畫謂其似也若謂形似長說假畫非有于真象者也若謂得其神明造其懸解自當脫去轍迹豈媛紅配綠求象後摹寫卷界而為之邪畫至于此是解衣盤礴不能偃傴而趨於庭矣豈時人未能以此下筆時也立本世以畫顯書在荊州乃張僧繇畫初猶未解曰定得虛名耳明日又往曰猶是近代好手明日又往曰名下定無虛士十

日不能去寢臥其下對之夫畫至於轍迹者其難悟如此後人畫未能窺筆墨畫而學不知形像所主見解又非得若立本極其功用至於論畫一望而懸斷是非得失者妄也但與世之所論非真得諸絕而不留者當是乎二者兩若在四五間者猶可意識求之其遇于什一者果可辨其真偽哉蓋謂出于一二而得非敵者與非立本不能言也 廣川畫跋

朝廷近示閻令胡笳十八拍圖巨冊每拍皆虞永興書其書藏鋒蘊藉極得永禪師法畫作大飾色古雅不凡惜首尾二幀破損僅存筆意耳

**王維**

維摩示疾圖　釣雪圖　山居圖　江山雪霽圖　花樹雲山圖

輞川圖　江干雪意圖　附　鄭虔竹溪六逸圖　峻嶺溪橋圖　閨情詩

張璪澗底松圖　趙幹江行初雪圖

董玄宰云王右丞畫余從檇李項氏見釣雪圖盈尺而已絶無皴法石田所謂草樹淺競人局脊者最後乃小幅山水乃趙吳興所藏皴類營丘而高簡過之又于長安楊高鄭所得山居圖則筆類大李有宮和題危樓日暮人千里欹枕風秋鴈一聲者然不若馮祭酒江山雪霽圖具有右丞妙趣予曾借觀經歲今如漁父出桃源矣此蓋妮古錄中語也○余與馮開之祭酒博雅好古與兄烈愍公有國士之知自述其家藏唐宋名跡頗多而王維江山雪霽圖尤為冠絶原係大元內府故物曾經趙子昂鑒定者雖水墨短卷

而有無窮之趣並無人題跋復得啓南翁筆海內稱為墨皇不妄也

## 山水論

凡畫山水意在筆先丈山尺樹寸馬分人遠人無目遠樹無枝遠山無石隱隱如眉遠水無波高與雲齊此是訣也山腰雲塞石壁泉塞樓臺樹塞道路人塞石看三面路看兩頭樹看頂顛水看風腳此是法也凡畫山水平夷頂尖者巔峭峻相連者嶺有穴者岫峭壁者崖懸石者巖形圓者巒路通者川兩山夾道名為壑也兩山夾水名為澗也似嶺而高者名為陵也極目而平者名為坂也依此者粗別山水之髣髴也觀者先看氣象後辨清濁定賓主之朝揖列羣峰之威儀多則亂少則慢不多不少要分遠近遠山不

得連近山遠水不得連近水山腰掩抱寺舍可安斷岸坂堤小橋
可置布路處則林木岸絕處則古渡水斷處則烟樹水闊處則
征帆林密處則居舍臨巖古渡木根斷而纏藤臨流石岸欹奇
而水痕凡畫林木遠者疏平近者高密有葉者枝嫩柔無葉者
枝硬勁松皮如鱗柏皮纏身生土上者根長而勁直生石上者拳曲
而伶仃古木節多而半死寒林扶疏而蕭森有雨不分天地不辨
東西有風無雨只看樹枝有雨無風樹頭低壓行人傘笠漁父
蓑衣雨霽則雲收天碧薄霧霏微山添翠潤日近斜暉早景
則千山欲曉霧靄微微朦朧殘月氣色昏迷晚景則山銜紅日帆

捲江渚路行人急半掩柴扉春景則霧鎖烟籠長烟引素水如藍染山色漸青夏景則古木蔽天綠水無波穿雲瀑布近水幽亭秋景則天如水色簇簇幽林鴈鴻秋水蘆島沙汀冬景則借地為雪樵者負薪漁舟倚岸水淺沙平凡畫山水須按四時或曰煙籠霧鎖或曰楚岫雲歸或曰秋山晚霽或曰古冢斷碑一曰古渡橫州或曰洞庭春色或曰荒路人迷如此之類謂之畫題山頭不得一樣樹頭不得一般山藉樹而為衣樹藉山而為骨樹不可繁要見山之秀麗山不可亂須顯樹之精神能如此者可謂名手之畫山水也

右丞別集

右丞圖光二水卷在余家絹本水墨形如織成後有前元
諸賢跋韓朝廷故物也
馮開之太史云予每展江山雪霽圖卷便覺神峰吐溜春圍
生煙真若蠶之吐絲蟲之蝕木至於粉縷曲折毫髮淺深
皆有意致信摩詰精神與水墨相和蒸成至寶古畫評
傳聞右丞花雜重重樹雲經變變山小幢在文徵仲太史家絹本
淺絳色布景極異落筆精微以較馮氏所藏江山雪霽圖可方
駕也此畫原係矮直幅太史恐其日久愈壞命工補綴為短
卷有詩題其後云

王右丞江干雪意題詠 ○ 城中十日暑如炙頭目眩花塵土塞僧樓今日見此卷雪意茫茫寒欲逼古柟修柳枝嫋嫋下有幽篁廁叢碧隔溪膠艇不受呼平地貫渚無人跡西風雁翻忽零亂雁遠迷雲猶歷歷筆蹤墨淡精神在收閱千年若完璧宛然一段小江南三遠備全能事畢維名依稀半全未悉老眼再摩初認得所存亦是天假借名手當時重唐室吳中人家寶古蹟貴宗及元高爾直若教見此風斯下倒囊空庭無恡畜錦標內帑固自有人間間出鳳五色老余尺素見雪渡草樹淩競人蹋踏僅尺尺方尺不盡意何如此畫長數尺太丘子孫具法眼金壁收藏加襲百我將拙語敢印正聊寫心知并目識

王右丞之筆神妙

之跋思遠之代見亦罕矣余於沙溪陳氏獲觀雪渡圖盈尺而已今又于以嚴所閱此備卷溪章老年摹此于目敬題之宏治壬戌之中秋日後學長洲沈周

右丞喜畫雪景聞有雪溪圖傳世未及見

夫山水之為物稟造化之靈秀陰陽晦冥雨晴寒暑朝昏晝夜隱形改步有無窮之趣自非胸中丘壑汪洋如萬頃波者未易摹寫如唐之初至二李輩者雖多筆法位置深得古意自王維張璪畢宏鄭虔之徒出深造其理五代荊關又別出新意一洗前習迨于宋朝董源李成范寬三家鼎立前無古人後無來者山水之法始備三家之下各得入室弟子兩三人終不逮也 當鑒

鑒定書畫須是細辨真蹟改造以定等差多見做手將無名古畫亂款題識求售或見名位輕微之筆一例剗去題識添入重名偽款所以法書名畫以無破損爲工間遇破損處尤當潛心考究毋使做手得行其伎倆方是賞鑒

王維作精能圖在韓氏紹興秘府本極佳前有思陵御題乾卦小璽並真其後曲腳封字印係後人偽刻用之按精能者名山之目也或曰品題畫語亦佳此畫絹本細山家備極水墨及行筆法云余熟辨之不是荊關遺蹟殆非右丞家法爾此畫直閱一大老以三百千買之卒以殉葬則惑矣

今世相傳右丞畫本曰人家在仙掌雲氣欲生衣以爲出右丞題
殊毋按張丞吉詩曰山光全在掌雲氣欲生衣特本此耳

古人以畫得名者必有一科是其所長如唐之鄭虔蜀之李昇
並以山水著名宣和畫譜皆入人物等部畫目稱其能山水而
所收祇人物神仙耳其他不可枚舉僕凡欲脩宣和畫譜者數
者矣惜未得遂所欲也 畫鑒

宣和書畫二譜自是當時大帙篇鋪敘雖工其于品題鑒定
則未也

朱太保藏鄭虔閒情詩帖白麻紙真蹟其詞曰銀鑰開金閣

金臺題夜燈

長征君自慣妾獨卧妾何曾寰星 真蹟 此詩亦載本集

右寰書筆精墨妙紙質如新是唐人詩帖中錚錚者今在王氏凡書畫以絹白板新為貴破損昏暗者次之後世輕薄之徒銳意臨摹以茅屋留汁染壞紙素加以辱勞使黯久實此但可欺俗士具眼者殆弗取也

唐人畫本如王洽之潑墨山水張璪之松石新圖一則羣品稱逸一則衆論稱神皆可寶藏第洽筆今世絕響余僅見姚氏雲山畫卷墨氣臻妙自然天成璪畫猶及見兩本瑯琊王氏秘藏澗底松小幀後有宋高宗題識筆法穎異

真絶品也

趙幹江行初雪圖是明昌秘府藏本真跡神品上上皇元天歷二年十一月日進入御府中間有文宗御題璽記卷尾具奎章閣諸臣張景先柯九思虞集等十一人銜位雖南唐名手而其勝國氣韻又一奇也通卷灑粉作雪輕盈飛舞足稱前無古人後元王蒙倣宗密雪圖實祖述之不知者謂其法始於黃鶴山樵殆非也又幹自題名云江行初雪畫院學生趙幹狀凡十一字字體奇逸足稱兩絶云嘉靖間歸分宜權相家引首關防具存今在松陵吴仲庚所余嘗再閲江行初雪圖

陸探微

陸探微窮理盡性，事絶言象，包前孕後，古今獨立，非復激揚所能稱贊，但價重之極乎上上品之外，無他寄言，故屈標第一等。謝赫古畫品録

宋人摹陸探微界畫蕭史圖跋 在縣氏抄

喬達之贊成仲山所藏 智永真草千文 衛賢高士圖，上作楚狂接輿，下作伯鸞孟光，妙 吳道子火星 張符牧牛圖 李思訓溪山滿卷，皆小景，甚奇 張萱彈琴宮女畫 王維畫維摩像，其象如生 胡瓌畨騎卓歇，佳 貫休羅漢 郭忠恕

飛仙故實界畫甚麁麤山水佳　董元山水　巨然畫溪山圖四人撐一舟甚佳　李伯時女孝經伯時自書惜不全　丁希韓畫經丁酉九月三日子慶携陸探微降靈文殊來觀高宗御題本趙蘭物爲仲山以十五定得之後爲澥和尚所得今歸張氏大小人物共八十人飛仙四皆有妙處内有番僧手持髑髏蓋西域俗然此畫纖毫無遺恨真奇物也　李思訓江山漁樂圖　李唐畫晉文文公復國圖一卷大下卷其上有思陵御題并三御璽作人物樹石絶類伯時尋常以李唐爲院畫便忽之乃知名下無虛士如此　元王子慶　雲烟過眼録　今爲仲山

張僧繇

梁武帝翻經象在宗室仲忽處亦假顧筆天帝釋象在蘇泌家皆張僧繇筆也張筆天女宮女面短而豔顧乃深靚爲天人相武帝作居士服反唇露齒女宮四人擎花四武士持戈劍髮如神也 米氏畫史 「梁武帝翻經」重出 僧繇畫天竺二胡僧因侯景亂散折爲二後一僧爲唐右常侍陸堅所寶堅嘗疾篤夢一胡僧告云我有同侶折離多時今在洛陽李氏若求合之當以法力助君陸以錢帛往果于其處購得病乃漸愈劉長卿爲記

述其事張畫所有靈感不可具載 神異記

李嗣真云顧陸已往鬱多冠冕盛稱後葉獨有僧繇今之學者望其遺蹤如周孔焉何寺塔之云乎且顧陸人物衣冠信稱絶作未覩其餘至于張公骨氣奇偉師模宏遠豈惟六法精備實亦萬類皆妙千變萬化詭狀殊形經諸目運諸掌得之心應之手意者天降聖人爲後生則何以制作之妙擬於陰陽者乎請與顧陸同居上品 後畫品錄

展子虔

釋彦悰云隋展子虔觸物爲情備該絶妙尤善樓閣人馬亦

長遠近山川咫尺千里　後畫錄

法華變相一卷南郊圖一卷長安車馬人物圖一卷離宮苑圖

一卷戈獵圖一卷王世充像一卷　右六卷展子虔畫　貞觀公私畫錄

李公麟家展子虔朔方行小人物甚佳韓馬破裂四足如涉水

中皆南唐文房物　米氏畫史

韓存良太史展子虔春游圖卷絹本青緑細山水筆法

與李思訓相似前有宋徽宗瘦金書簽題雙龍小璽政和

宣和等印及賈似道悦生葫蘆圖書曲脚封字方印至元

時其題識者三人馮子振趙巖張珪也而宋濂亦嘗奉　旨

和詩在其右皆絶品云第其布景與雲眼過眼録中所記不同未審何故

閻立本

釋彥悰云唐司平太常伯閻立本學宗張鄭奇態不窮變古象今天下取則後畫録

閻立德歷官工部尚書父毗在隋以丹青得名與弟立本家學俱造精妙唐貞觀中東蠻謝元深入朝顔師古奏言昔周武遠國歸款乃集其事爲王會圖今卉服鳥章俱集蠻邸實可圖寫因命立德等圖之其序位之際

折旋規矩端簪奉笏之儀與夫鼻飲頭飛人物詭異之狀莫不備該毫末故李嗣真云大安博陵難兄難弟謂立德立本也唐畫錄

閻立本職貢圖　正觀之德來萬邦浩如滄海吞河江音容獊獰服奇尨橫絶嶺海逾濤瀧珍禽瑰產爭牽扛名王解辮却盖幢粉本遺墨開明窗我喟而作心未降魏徵封倫恨不雙　東坡全集

閻立本西旅獻獒圖袖卷絹本大著色其畫沉着痛快亦見云韓氏乃真跡也　其畫沉着痛快中之不易得者

## 王維

附趙幹　鄭虔　張璪

王維字摩詰開元初擢進士官至尚書右丞唐史自有傳其出處之詳此得而略也維善畫尤精山水當時之畫家者流以謂天機所到而所學者皆不及後世稱重亦云維所畫不下吴道子也觀其思致高遠初未見於丹青時時詩篇中已自有畫意由是維之畫出於天性不必以畫拘蓋生而知之者故落花寂寂啼山鳥楊柳青青渡水人又與行到水窮處坐看雲起時及白雲回望合青靄入看無之類以其句法皆詩畫也而送元二使西安詩者後人以至鋪張為陽關曲圖且往時之士人或有占其一藝世

無不以藝掩其德若閻立本是也至人以畫師名之立本深以為恥若維則不然矣乃自為詩云夙世謬詞客前身應畫師人卒不以畫師歸之也如杜子美作詩品量人物必有假當時猶稱維為高人王右丞也則其佗可知何則諸人之以名畫于世者止長於畫若維者妙齡屬辭而擢第名盛於開元天寶間豪英貴人虛左以迎寧薛諸王待之若師友其兄弟乃以科名文學冠絕當代故时稱朝廷左相筆天下右丞詩之句皆以官稱而不名也至其卜築輞川亦在圖畫中是其胸次所存無適而不瀟灑移志之于畫過人宜矣重可惜者兵火之餘數百年間而流落無

哉後來得其勢髣髴者猶可以絕俗也正如唐史論杜子美謂殘膏
賸馥霑丐後人之意況乃真得維之用心處耶今御府所藏一百
二十有六 太上像二 山莊圖 山居圖 棧閣圖七 劍閣圖三
雪山圖 喚渡圖 雪岡圖四 運糧圖 捕魚圖二 雪渡圖三
漁市圖 騾綱圖 異域圖 早行圖二 村墟圖二 度關圖
蜀道圖四 四皓圖 維摩詰圖二 高僧圖九 渡水僧圖三 山谷行旅
圖 山居農作圖二 雪江勝賞圖二 雪江詩意圖 雪江渡關圖
雪川羈旅圖 雪景餞別圖 雪景山居圖 雪景待渡圖三 羣
峯雪霽圖 江皋會遇圖 黃梅出山圖 淨名居士像三 渡

水羅漢圖　寫須菩提像　寫孟浩然真　寫濟南伏生像　十六羅漢圖四十八　宣和畫譜

王維字摩詰，太原人，家藍田輞川，擢進士，官至尚書右丞。九歲知屬辭，工草隸，以善書名於開元天寶間，畫尤入神。書史會要

王維字摩詰，家居藍田輞川，開元中尚書右丞。嘗作輞川圖，山峰盤廻，竹樹瀟灑，石小劈斧皴，樹梢雀爪，葉多夾筆描。畫人物眉目分明，筆力清勁。蓋其思致高遠，出于天性，故詩中有畫，畫中有詩。

趙子昂問錢舜舉曰：如何是士夫畫？舜舉荅曰：隸家畫也。子

昂曰然余觀唐之王維宋之李成徐熙李伯時皆高尚士夫所畫與物傳神盡其妙也近世作士夫畫者其謬甚矣格古要論

王維畫小輞川摹本筆細在長安李氏人物此定是眞若比世俗所謂王維全不類或傳宜興楊氏本工傳得　文彥博太史小輞川拆下唐跋自連眞還李氏一日同出坐客皆言太史者眞

唐張彥遠名畫記云類吳道子又云雲峯石色絶迹天機筆思縱橫參于造化孫氏圖僅有之餘未見此趣

張修字誠之少卿家有辟支佛下畫王維仙桃巾黃服合掌頂禮乃是自寫眞與世所傳闌中十大弟子眞法相相似是

真筆世俗以蜀中畫騾綱圖劍门畫為王維甚衆又多以江南人所畫雪圖命為王維但見筆清秀者即命之如蘇之純家所收魏武讀碑圖亦命之維李冠卿家小卷亦命之維与讀碑圖一同今在余家長安李氏雪圖與孫載道字積中家雪圖一同命之為王維也其它貴侯家不可勝數諒非如是之之衆也

王士元山水作漁村浦嶼雪景類江南畫王鞏定國收四幅後與王晉卿命為王右丞矣趙叔盎伯充處易摹本（米氏畫史）

書畫之妙當以神會不可形器求也世之觀畫者多能指示其間形

象位置彩色瑕疵而已至於奥理冥造者罕見其人如彦遠畫評言王維畫物多不問四時如畫花往往以桃杏芙蓉蓮花同畫一景余家所藏摩詰畫袁安臥雪圖有雪中芭蕉此乃得心應手意到便成故於理入神迥得天意此難與俗人論也謝赫云衛協之畫雖不該備形似而有氣韻凌跨羣雄曠代絶筆又歐文忠公盤車圖詩云古畫畫意不畫形梅詩詠物無隱情忘形得意知者寡不若見詩如見畫此真為識也（筆談）

董逌書王摩詰山水後云世言摩詰筆縱措思參于造化而創意經圖即有所缺如山水平遠雲峯石色絶迹天機非繪者

既及觀此圖便知古人之論為得正使後之評者不能加此余見世以畫名者無復生動氣象不過聚石為山分畫為水又豈可以人論人家在仙掌雲氣欲生衣耶 廣川畫跋

晉卿寓陽徐太常家有輞川一卷多名跋吳匏庵題其後云此卷宋人藏漆筒中以之挂門後啟視乃輞川圖也余觀之即未必果出右丞然絹素極細都是景以浮粉著樹上瀟灑清潤韻度宋人臨本非後人可到也

王維雪崖小幀曾在倪高士清閟閣楊廉夫題以短歌

余見王右丞山庄圖又雪霽捕魚（一作枯木）圖山庄樹葉皆如个字

具雪霽捕魚似郭熙二卷皆無欵疑宋人臨本稿也

京師楊太和大夫家所藏晉唐以來名跡甚佳元宰借觀有右丞画一幅宋徽宗御題左方筆勢飄舉真奇物也檢宣和畫譜此爲山居圖察其畫中松針石脉無宋以後人法定爲摩詰無疑向相傳爲大李將軍其拈出爲輞川者自元宰始并妮古録

和韓子文題王摩詰寒林　摩詰傳遺跡家藏久目奇高人不復見絶技更誰師水石生寒早烟雲結雨遲筆端窮造化那可敵君詩范忠宣公集

馮夢禎題王右丞江山雪霽卷云　吴崑麓夫人與余外族有葭莩之

之親偶攜此卷見示述其先得之管後載門小火者火者家有一鐵攄門閂或云漆布竹筒摇之似有聲一日爲物所觸遂破墮三卷此其一也余初未深信翻閱再三不覺神王因閉户焚香屏絶他事覽神筆吐溜春圃生煙真若蠶之吐絲蟲之蝕木至如粉綫曲折毫膩淺深皆有意致信摩詰精神與名墨相和並成至寶得此數月以來每一念及輒狂走入丈室繞閲無斁出户見俗中物紜雜令人掩鼻也真賞居士記於南翰林之寄樂亭集臨

周敏仲新裝王維雪霽捕魚圖一絹本淺絳色筆法秀雅

景清逸淩有班惟志仇遠白珽張雨等七跋雖未敢定為真右丞決非宋元畫史可及堪比王敬美家江干雪意卷也其前佑陵黄緗褾題定屬後人惟足考宣和畫譜當自知之

鄭虔高士也蘇許公為宰相申以忘年之契薦為著作郎開元二十五年為廣文館學士飢窮轗軻好琴酒篇詠工山水進獻詩篇及書畫元宗御筆題曰鄭虔三絶與杜甫李白為詩酒友祿山授以偽水部員外郎國家收復貶台州司户名畫記

王氏又藏鄭虔畫峻嶺溪橋圖前有宋徽宗御題後有宣和政和小璽筆意頗似元人墨無王李習氣又一奇也

錢藻字醇老收張璪松一株下有流水澗松上有八分詩一首斷句云近溪幽濕處全藉墨痕濃又有璪荅詩在大夫孫載家

王洽成潑墨山水煙雲慘澹脫去筆墨畦町余少年見一幀意甚有意度今日思之始知為洽畫再不可見也 畫鑑

唐

吳道元 花

南嶽圖　送子天王圖　洪崖仙圖　水月觀音變相

天龍八部圖 稿本　附盧楞伽過海羅漢圖　維摩像

宣和秘府藏吳道子南嶽圖像晚年之筆今在城西王氏又嚴氏

水月觀音變相真跡其衣紋面部與韓存良家送子天王一類

乃具盛年作也吾家彥遠畫評云顧陸以降畫跡罕存難
悉言之道元之蹟可謂六法俱全萬象必盡神人假手窮極
造化具推尊者至矣

吳道子水墨天龍八部圖卷　畫本身有秘府跋龍方璽
御書殿寶尤氏家玩錢氏素軒沐璘廷章及繼軒等印其
畫盡處有一細極陽文印係唐末五代人印文訛莫辯
乾道七年見此畫於趙氏四十載矣平日見畫未有過此者
茲復見之輒題唐律一篇　嘉定三年上巳四明樓鑰

二玉印之文極精

論顧陸張吳用筆　或問余以顧陸張吳用筆如何對曰顧愷之之迹緊勁連綿循環超忽調高格逸風趨電疾意存筆先畫盡意在所以全神氣也昔張芝學崔瑗杜度草書之法因而變之以成今草書之體勢一筆而成氣脈通連隔行不斷唯王子敬深明其旨故行首之字往往繼其前行世上謂之一筆書其後陸探微亦作一筆畫連綿不斷故知書畫用筆同法陸探微精利潤媚新奇妙絶名高宋代時無等倫張僧繇點曳斫拂依衛夫人筆陣圖一點一畫別是一功鈎戟利劍森森然又知

書畫用筆同矣國朝吳道元古今獨步前不見顧陸後無來者授筆法於張旭此又知書畫用筆同矣張既號書顛吳宜為畫聖神假天造靈英不窮衆皆密於盼際我則離披其點畫衆皆謹於象似我則脫落其凡俗彎弧挺刃植柱構梁不假界筆直尺虯鬚雲鬢數尺飛動毛根出肉力健有餘常有口訣人莫得知數仞之畫或自臂起或從足先巨麗詭怪膚脈連結過於僧繇矣或問余曰吳生何以不用界筆直尺而能彎弧挺刃植柱構梁對曰守其神專其一念

造化之功假吳生之筆向所謂意存筆先畫盡意在也凡事之臻妙者皆如是乎豈止畫也與夫庖丁發硎郢匠運斤效顰者徒勞捧心代斲者必傷其手意旨亂矣外物役焉豈能左手劃圓右手劃方乎夫用界筆直尺是死畫也守其神專其一是真畫也死畫滿壁曷如汙漫真畫一劃見其生氣夫運思揮毫自以為畫則愈失于畫矣運思揮毫意不在於畫故得全于畫矣不滯於心不疑于志不知然而然雖彎弧挺刃植柱構梁則界筆直尺豈得入于其間哉又問余曰夫

運思精深者筆迹周密其有筆不周者謂之如何余對曰顧陸之神不可見盼際所謂筆迹周密也張吴之妙筆纔一二像已應焉離披點畫時見缺落此雖筆不周而意周也若知畫有疏密二體方可議乎畫或者頷之 名畫記

書吴道子畫後　智者創物能者述焉非一人而成也君子之於學百工之於技自三代歷漢至唐而備矣故詩至於杜子美文至韓退之書至顔魯公畫至於吴道子而古今之變天下之能事畢矣道子畫人物如以燈取影逆來順往旁見側出横斜

平直各相乘除得自然之數不差毫末出新意於法度之中
寄妙理於豪放之外所謂游刃餘地運斤成風蓋古今一人而
已余于他畫或不能必其主名至於道子望而知其真偽也然世
罕有真者如史全叔所藏蓋一二見而已元豐八年十一月七日書
東坡全集
吳道子筆法超妙為百代畫聖早年運筆差細中年行筆
磊落揮霍如蓴菜條人物有八面生意活動方圓平正高下曲
直折算停分莫不如意其傅采于焦墨痕中略施微染自然
超出縑素世謂之吳裝當時弟子甚多如盧楞伽楊庭光其

尤者也五代五朱繇亦能仿彿終不甚似覽者當自得之嘗見道子熒惑像在烈焰中神像威猛筆意超動使人駭然上有金章宗題印秘在內府又見善神二幢摩利支天像帝釋像木紋天尊像及行道觀音托塔天王毗沙門神等像行筆甚細恐其弟子輩所為耳

古今書畫名家而得仙者郗鑒為南门亭長陶宏景為蓬萊都水大監蕭子雲為元洲長史楊羲為東華上佐唐元宗為太陽朱宮仙人李白為東華上清監吳道元躍入畫中遨游洞府杜甫為文星典吏顏真卿歸葬惟空棺亦云尸解白樂天

海山院主吳彩鸞夜領水府事宋嶽宗東華帝君郭忠恕流竄海島蛻形仙舉米芾從衆香國來臨終可悟石曼卿為芙蓉城主宋高宗乃元載孔昇天帝下生楊建秀為蓮花博士吟謙晚有畫鶴之誣隱辟仙去斯皆灼灼有據雜見傳記者記○滕國陸友得衛青古玉印著印史傳世丑近購陸機平復帖王羲之此事帖尉遲乙僧華蓋天王吳道元送子天王蘇軾三馬畫贊米芾寶章待訪錄王蒙南村真逸沈周仙山樓閣因之造清和書畫舫其撰一也

盧鴻一草堂十志圖　附顧況江南春畫　茅山圖

詠頤居士江南春圖小本　通翁詩酒外妙寫江南春清逸不
大食堪為摩詰儔　張丑廣德甫
江南春圖始于顧通翁皇宋惠崇袖卷更奇勝國倪迂亦倣做作之
並題詩二首後人和章極多好事家編為江南春集鋟板行世
未有傳也畫錄
李思訓　御苑采蓮圖　踏錦圖　春山圖　江山漁樂圖
附李昭道漢武帝柏梁聯句圖　海蓬萊仙奕圖
思訓畫本稱於道動內備極古雅清逸之趣是以妙絕古今
五代以前畫山水者少二李筆雖極精工微傷板細右丞雅

能發景外之趣而猶未失玉關仝董源巨然筆方以真趣出之氣象雄遠墨暈神奇至李營丘成而絕矣營丘有雅癖畫存世者絕少范寬繼之奕奕齊驅此外如高克明郭熙輩亦自卓然南渡以前獨稱李公麟伯時伯時白描人物遠師顧吳牛馬斟酌韓戴山石出入王李似于董李所未及也藝苑卮言

古之名流韻士無不事畫學而偏饒畫趣者如唐之李林甫宋之蔡襄晁無咎滕國冷謙及皇明徐有貞祝允明往往而是林甫山水精妙見高唐事詩句蔡襄工書畫頗自惜不妄為人作見歐陽公墓誌無咎閒居濟州金

鄉葬東皋歸去園自畫爲圖并書記其上冷謙讀書學學道嘗畫蓬萊仙奕大類李思訓徐有貞亦有秋山圖自賦詩句題之筆力極其豪放今藏吳中一大姓尤明曾臨大米雲山卷後有自書自跋不特瀟洒出塵兼得烘鎖之法善乎鄧椿之言曰其爲人多文雖有不曉畫者寡矣其爲人無文雖有曉者寡矣若文湖州之晚靄橫看其間山水樹石兼有王維關仝筆法此又從墨竹一派而恢擴之無足多異○勝國詞人以詩賦名家者往往兼工書畫如張羽徐賁陳植陳惟允等學問之外各以山川著聞此游尚方之內者也獨冷謙以世外高

真而具仙爽，卷丹青特立一世，政如王謝家子弟，自有一種風致耶。

道生云：雙鉤懸腕，讓左側右，虛掌實指，意前筆後，此古人所傳用筆之訣也。如屋漏雨，如壁坼，如印印泥，如錐畫沙，如折釵股，古人所論作書之勢也。然妙在第四指得力，俯仰進退，收往垂縮，剛柔曲直，縱橫轉運，無不如意，則筆在畫中，而左右皆無病矣。此法鍾王之後，惟藏真得之為多，庶幾于是者，唐則伯施、信本、登善、虔禮、紹京、泰和、伯高、清臣、誠懸，五季則景度、重光，宋則君謨、元章，元則子山、子昂，本朝則仲珩、貞伯、希哲、徵仲數人

而已 豐于唐不取知章季海父子宋不取子瞻魯直元不取伯機明不取南宮優吉當别有意 藝苑卮言

五代楊凝式 神仙起居法 韭花帖

楊少師真蹟 神仙起居法

行住坐臥處手摩脇與肚心腹通快時兩手腸下踞踞之徹膀腹背拳摩腎部才覺力倦來即使家人助行之不厭頻晝夜無窮數歲久積功成漸入神仙路乾祐元年冬殘臘暮華陽焦上人尊師處傳楊凝式 押

荆浩 山莊圖 古松圖 峻峯圖

河内荆浩博雅好古善畫山水值五季多故隱於太行山山之洪谷自號洪谷子著山水訣行世所製山莊圖勁健在李公麟

上傳世之珍也舊傳鄭都青蓮寺沙门大愚嘗乞畫于浩寄詩以達其意云六幅故牢健知君恣筆蹤不求千澗水止要兩株松樹下留盤石天邊縱遠峯近巖幽濕處惟藉墨烟濃後浩圖成亦以詩云、荅云恣意縱橫掃峯巒次第成筆尖寒樹瘦墨淡野雲輕巖石噴泉窄山根到水平禪房時一展兼稱苦空情其為人風流文雅如此

范寬師荊浩、自稱洪谷子王詵嘗以二畫見送題勾龍爽畫因重背入水于左邊石上有洪谷子荊浩筆字在合綠色抹石之下非後人作也然不似寬後數年丹徒僧房有一軸山水與浩一

同而筆乾不圜于瀑水邊題華原范寬乃是少年所作却以
常法較之山頂好作密林自此趨枯老水際作突兀大石自此趨
勁硬信荆之弟子也于是以一畫易之收以示鑒者荆浩畫畢仲
愈將於處有一軸段縫家有横披然未見卓然驚人者寬固青
於藍又云李成師荆浩未見一筆相似師關仝則著葉樹相似
米氏畫史
董元宰寄余書云所欲學者荆關董巨李成此五家畫尤少真蹟
南方宋畫不堪賞鑒見幸為訪之作一銘心記如宋人者俟第書成
與合一本即不能敢藏聊以適意不令海岳獨行書畫史也
妮古錄

# 畫粕 二冊

黄筌 臨邊鸞葵花圖 獨釣圖

附 徐熙蜀海棠圖 杜陵浣花歸醉圖

黄筌寫生富艷生動曠古無對予嘗見其臨邊鸞葵花一幅花心數蜂如活又雲烟過眼録載其獨釣圖山峯刻峭前元時在張受益家筌山水師鄭虔知名孟蜀間眞良史也同時僞翰林學士歐陽炯嘗撰八卦殿壁畫奇異記見之益之名畫録蓋邊鸞後一人而已

閻仝 一作種 仙游圖 夏山欲雨圖

張伯起自言少時頗有畫癖所藏閻仝仙游圖行卷甚奇米海岳故物也眞賞等印具存 其先丁相家亦見德隅齋畫品 筆法渲

古漸近自然正如太羹元酒不以釘餖爲工者相傳公生平不善

畫人物多求胡翼爲之 此後世西人合作之始

閻令人物俗木石出於畢宏有枝無幹

蘇舜欽子美家有畢宏一幅山水奇古題數行云筆勢凶險是也

沈括收畢宏西二軸一幅工以大青和墨大筆直抹不皴作柱天高半

峯滿八分一幅生向下作斜鑿間曲欄約峻峰崖一瀑布落下兩大石

塞路頭下作圓平生半腰雲遮下蹟石鼓塊一童抱琴曲曲欄轉山去

一古木卧倚石奇古沈貴蔣日見之及居潤問之云已易與人竟不再見矣

今常在夢寐 米氏畫史

仙游面唐閻令所作故相國丁公印章在焉全畫山水入妙然於

人物非工每有得意者必使胡翼主人物此圖神仙翼所作山大石

業立砭此萬仞色若精鐵上無塵埃下無糞壤四面斬絶不通人
迹而深巖委澗有樓觀洞府鸞鶴花竹之勝杖履而遨遊者皆羽
毛飄飄若仰風而上征自非仙靈所居何石之并者左右視之各見其
圓鋭長短遠近之勢石之坐卧者上下視之各見其方圓廣狹薄厚之
形筆墨既到便能移人心目使人必求其意趣此又足以見其能也 徒陽叟 畫只
關仝霧鎖山關圖若散是早年真跡在京師人家 畫鑒
長安關仝畫師荊浩而源出畢宏晚負出藍聲價喜作秋山寒林
漁市山驛使夫觀者恍疑身在灞橋風雪中聞猿三峡不復知有
塵俗狀蓋一時之絶云仝之為畫脱略毫楷筆愈簡而氣愈壯景
愈少而意愈長深造古淡如詩中淵明琴中賀若非碌碌畫工所
能及也 畫系

釋貫休　大阿羅漢圖　楷書心經　附王齊翰勘書圖

與大覺禪師璉公　人至辱書伏承法体安裕傾向〻〻昨奉聞欲捨禪月羅漢非有他也先君愛此畫私心以為捨施莫如捨所甚愛而先君所與厚善者莫如公又此畫頗似靈異累有所覺于夢寐不敢盡談嫌涉怪誕以此益不欲俗家收藏意只如此而來書乃見疑欲換金水羅漢閱書不覺失笑近世士風薄惡動有可疑不謂世外之人猶復爾也請勿復譚此某比乏人可令齋去兵卒之類又不足分付告吾師差一謹幹小師齎書伏來迎取并古佛一軸亦同捨也錢塘景物樂之忘歸舍弟今自陳州得替當受東南幕官冬初恐必去未甚的彩筆計益老健或借阿匠首一觀良幸到此亦只杜撰百十首閑當錄寄也　東坡全集

似道留心書畫，家蔵名蹟多至千卷，其宣和、紹興秘府故物，往往乞請得之。今除烜赫名跡載《悦生古跡記》者不録，第録其稍隱者著于篇：

崔瑗臨史游急就章　王廙仲春帖　王導省示帖　衛恒往來帖　王獻之至節帖

名畫：衛協毛詩圖　史道碩八駿圖　梁元帝番客入朝圖　顧野王古賢象　鄭法士讀碑圖　楊寧劉聰對戎圖　薛稷二隺圖　何長壽西域圖　張諲春山游賞圖　楊昇沒骨山水　曹霸玉花驄圖　江都王馬圖　孫位春龍起蟄圖　張志和漁父詞圖　韋偃歲寒圖　范瓊大悲觀音像　李漸三馬圖　張南本文殊部從　張元十六羅漢圖　趙公祐四坐佛　鍾隱角鷹圖　句龍爽高士圖　支仲元佛會圖　釋貫休大阿羅漢圖　杜子瓌寶檀菩薩像　滕昌祐滿堂春　張圖紫薇朝會圖　羅塞翁畫羊　王齊翰勘書圖

惠崇江南春圖　張訓禮出塞圖　王居正紡車圖　杜霄吳王避暑圖
武宗元朝元仙仗圖　郭隱白描十二國圖　石恪維摩説法圖　丘文播田
家移居圖　王士元漁郊暮靄圖　侯翌問病維摩圖　吳淮龍水圖
燕文貴舶船渡海圖　劉常杏林春色圖　厲歸真江堤放牧圖　孫夢
卿松石問禪圖　李得柔南華真人像　唐希雅竹禽圖　趙邈齪戰
沙虎　易元吉子母猿　劉寀落花游魚　梁楷蓮經變相　王穀洞庭
晚照圖　李時雍渭川晚晴圖　晁補之蓮溪圖　馮觀金風萬籟圖
董氏六隱圖　李嵩龍宮海藏圖　僧夢休風竹圖　艷艷春山圖　悦生別錄
嚴持泰携示唐子畏獨樂園　江山行旅二卷　仙杏花閒　女几山風月
何須遍五湖而幅雜仿李伯時劉松年李晞古家法並淺絳色可
喜又張夢晉朝仙圖卷後有唐子畏題詠　沈啟南太湖一覽卷全師

董巨錢鶴灘云仿倣王黄鶴非也次出吳仲圭墨竹卷其前録李息齋畫竹法而後方竹枝數段〻各有題並爽〻有神次出李公麟華嚴變相長卷用麻箋鐵線白描僅人物面部以淺色染成亦異製也

## 荆浩

善爲雲中山頂四面峻厚關仝寫山工關河之勢峯巒少秀氣（米氏画史）

郘氏後録按荆浩云山水之學吳道子有筆而無墨項容有墨而無筆王維李思訓之徒不數也其所立可知矣然入吾本朝長安關仝嘗立李成華原范寛之絶藝荆浩者亦不數也故本朝畫學古今第一（名画評）

敏仲近購荆浩秋山蕭寺巨幅原係阜林故物上有乾卦圖書下有紹興小璽皴法與中立相似故米氏畫史云范寛師荆浩其言信而有徵矣余謂此畫絹素精細筆法尖鋭定出范寛之手好事者傅會而稱荆浩亦何異買王得羊耶

王進叔所藏徐熙杏花

江左風流王謝家盡攜書画到天涯郤因梅

而丹青暗洗出徐熙落墨花 東坡全集

關仝真蹟見二十本范寬見三十本其徒甚多滕昌祐邊鸞各見十本丘文播花木見三十本祝夢松雪竹見五本巨然劉道士各見十本餘董源見五本李成真見兩本贋見三百本徐熙崇嗣花果見三十本黄筌居寀居寶見百本李重光重見二十本僞吴生見三百本真見四本

畢仲欽家有荊浩山水一軸畢仲游家有大幅關仝畫王欽臣家長子有關仝六幅古木奇特董源四幅真意可愛刁約家有董源霧景四幅林虞家有王維雪圖六幅董源八幅李成四幅余家收曾不興畫如意輪一幅風神峭拔人間名跡也 米氏畫史

關仝工寫秋山筆力遠出荊浩之上而其遺蹟绝少是以士林貴之宣

和畫譜載全秋山圖多至二十有二其間傳會者居半最為誤人惟在真賞者善取之而已

宋徽宗　有十二景十四幅用觀音紙長五尺許

朝雲弄日　晚雨昏江　漁市晨烟　江村晚靄　遠山驟雨

疊嶂殘霞　霧瑣松溪　雪迷山路　澄江印月　晴巒橫雲

春谷冰銷　秋山雨霽　官橋雨柏　野渡風松

郭忠恕

越王宮殿圖　仙居圖　越王避暑宮殿圖　雪霽江行圖

附王振鵬金明池圖

李成

茂林遠岫圖　晴巒蕭寺圖　寒林平野圖　群峰霽雪圖

寒鴉圖

附許道寧秋山晴靄圖

李成山水妙絕古今無其人米元章刻意搜訪生平僅見二本至欲作無李論

一山水四幅在寄月大師處一松石在盛文爾家甚厚之手繪實著于畫史
其之為畫精通造化筆意在揮手里于咫尺寫萬趣於腕下指峰巒
重疊林木蕭森凝坐觀之恍然身在丘壑中矣某向見此茂林畫岫
卷精密墨跡小幅筆清秀潤精緻纖晰分曉甚妙乃有語言文字
形容不盡者樗年生爲石菴後得見元章原書見耶宋也
茂林畫岫查項向以永星跋乃文壽承筆

李營丘茂林遠岫圖 真跡

李營丘平生自貴重其畫不肯輕與人作故人間罕得米南宮至欲作無李論蓋以多不見真也此卷林木蒼古山石渾然逕岸縈迴自然趣多類荊浩晚年合作至正乙巳六月廿日吳城盧氏樓觀延陵倪瓚

韓侂胄閱古堂圖書皆出於向若水鑒定研北雜志

韓朝延家雪溪待渡巨幅上有希遠庵題詠雖未必真猶是郭熙以工手寫

余家所收李成五李冠卿家大扇屢屢不已為天下之冠既歸舅之皆於真州昭宣使宋用臣自錦州北還見之太息云慈聖光獻太后于上溫清小次左幛李成畫姑成屏風以上所好也振玩之因吳丞相沖卿夫人入謝太后使引觀焉隨成之殊矣也內以四幅為真拆奉上別幛補之數用臣皆於內東門西身比欵因語諠駭嗟至長惜未不詳之及何生如前家於石皆幅如礎解捷下為隆棟枝幹凄然生陰作節處不用墨圈下一大點以通身淡墨空過乃如天成對面皴石圓揮蹙捩至坡峰處筆與石脚及水中一石相平下用淡墨作石相準乃是一磧直入水中不若世俗所設直斜落筆下更無地又無水勢如飛空中使妄評之人以李成無脚蓋未見生平劉涇目以李筆真筆多於是出示良久乃曰世忍成師也 米氏畫史

山水家畫雪景多俗嘗見營丘所作雪圖峰巒林屋皆以淡墨為之

而水天空濶處全用粉塡亦一奇也予每以告畫人不悟然而驚則莞爾而笑足以見後學之凢下也 畫繼

書畫見聞 錄畫 王右丞山水 董元河伯娶婦 吴生妙勝如來 惠崇巨幅小景

巨然山水 伯時陽關圖 元章自寫真 著色郭熙山二幀 巨然山水橫披

伯時拂林天馬 唐人仙山故實 周昉臨六朝天官 韓幹圉人調馬 邊鸞寫木瓜花 喬仲山家

巨然秋江晚渡 明昌 李思訓江山漁樂 陸瑾谿山風雨

郭忠恕飛仙故實 董元寒林 貫休大阿羅漢 衛賢高士圖 郭熙松石二大幀

李成重巒秋晚 吴侁蕭翼賺蘭亭圖 張符牧牛圖

張萱鼓琴士女 尉遲乙僧有餘菩薩 巨然歲寒圖 崔符白讀碑窠石圖

董元烟嵐重溪 王齊翰行化佛圖又觀音像 王維維摩示疾圖

韓滉乳牛 黃華雪山寫照

董源瀟湘圖 夏山圖 秋山圖 仙山樓閣圖 秋山行旅圖

風雨出蟄龍圖　溪山風雨圖　河伯娶婦圖

董元宰太史酷好北苑畫蹟前後收得四本內惟瀟湘圖卷爲最至以四源名其堂云按米氏畫史曰董源平遠天成唐無此法在畢宏之上近世神品格高無比與也峯巒出沒雲霧顯晦不裝巧趣皆得天真山嵐色鬱蒼枝幹勁挺咸有生意溪橋漁浦洲渚掩映一片江南也○北苑畫本昔人以著色山水稱絕華尤是風雨霧景爲佳此等製作皆與造化同流非荆關董巨所能彷彿也甫里馬氏以溪山風雨卷向予質錢未遂其願卷還之爲此悵然者經月

江南中主時有北苑使董源善畫尤工秋嵐遠景多寫江南真山不爲奇峭之筆其後建業僧巨然祖述源法皆臻妙理大體源及巨然畫筆皆宜遠觀其用筆甚草草近視之幾不類物象遠觀則景物粲然幽情遠思如覩異境源嘗畫落照圖近視無工遠觀村落杳然深遠悉是晚景遠峯之頂宛有返照之色此妙處也　筆談

董源天真爛熳平淡多奇唐無此品在畢宏之上此米元章議論唐畫山水至宋而備如源又在諸公之上樹石幽潤峰巒清勝晚年礬頭頗多暮年一洗舊習余于秘府見春龍出蟄圖孔子哭虞丘子畫春山谿岸圖秋山畫及窠石二幀于人間約見二十本皆其平生得意作源之後有鍾陵僧巨然及劉道士劉與巨然同時畫亦同但劉畫則以道士在左巨然則以僧在右以此為別耳要皆各得源之一體至米氏父子用其遺法別出新意自成一家然得源之正傳者巨然為宗也

董源夏山圖見在史崇文家天真爛熳拍塞滿軸不為虛歇煩鎖之意而幽深古潤使人神情爽朗古人云山陰道上行應接不暇豈

意敖尺敢素亦能若是耶　並畫鑒

鮮于伯幾題董北苑山水　愛山不得山中住，長日空吟懷山句。偶然見此畫堂間，頓覺還我滄洲趣。陰崖絕壑雷雨黑，蒼藤老木蛟龍怒。岸石磊犖溪澗潤，知有人家入無路。一重一掩深復深，危棧古木依雲林。是中宜有避世者，我欲徑去投冠簪。源也世本膏粱子，胷中丘壑有如此。後來僅見僧巨然，筆墨雖工氣難似。想當解衣盤礴初，意匠妙與造化俱。官閑祿飽日無事，吮墨含毫時自娛。誰憐齷齪百僚底，皺鬢蕭蕭對此圖。　元宰

董源龍宿郊民圖仿進呈本，乃是寫宋太祖登極了者大意之。

董北苑畫多有不作小樹者，如秋山行旅是也。又有作小樹，但只遠望之似樹，其實憑點綴以成形者。余謂此即米氏落茄之源委。蓋小樹最要淋

備約畧簡於枝柯而繁于形影欲如文君之眉與黛色相參合乃是高手也 莫士龍畫說

董元宰云余家所藏北苑畫有瀟湘圖秋山行旅圖又二圖不著其名 見宣和譜中秋山畫目之論 龍宿郊民圖公家稱之一得之金吾鄭君與余余豈無北苑于胸中遂以倪黃諸蹟復于小苑著昭回自示元人來要耳

元宰攜示北苑一卷諦審之有二妹及鼓瑟吹笙者有漁人布網漉魚者元宰曰瀟湘圖也蓋取洞庭張樂地瀟湘帝子游二語為境耳 卷長丈許神彩煥然又云余曾游瀟湘道上山川奇秀大都如此圖而是時方見伯時瀟湘卷亦復效之作一

小幅今見北苑乃知雖名家所乏蒼莽之氣耳宋宣和譜有北苑瀟湘圖云 並妮古録

董北苑達真山林木小直幅紙本水墨神品惜收藏未善不稱神明煥然耳

董源山水有二種一樣水墨礬頭踈林遠樹平淡幽深山石作麻皮皴一樣著色者皴紋甚少用色濃古人物多用青紅而施粉素皆佳作也 畫譜拾遺

唐棣寒林圖全師北苑達典型燦然亦元人中之巨擘也

皴法董源麻皮皴范寬雨點皴 俗云芝麻皴 李將軍小斧劈皴李唐大斧劈皴巨然短筆麻皴江貫道師巨然泥裏拔釘皴夏圭師李

唐米元暉拖泥帶水皴先以水筆皴後却用墨筆 妮古錄

河南俞氏藏董源仙山樓閣圖一軸絹本淺絳色用筆最為疎逸不惟樹石古雅人物生動而中間界畫精妙不讓衛賢郭忠恕輩余每展玩如從山陰道上行令人應接不暇始知湯垕許源夏山圖者端非虛語乃沈括存中云北苑多寫江南真山不為奇峭其用筆極草草近視之幾不類物象遠觀則景物粲然是未許其秀潤也豈亦未觀其全耶○

李煜 江山摭勝圖 重屏圖 竹梢寒禽畵 歸命帖

附周文矩阿房宫欄 蘇若蘭話别會合圖 王庭筠飛泉

出峽圖 錢選維摩像

荒庵李貞伯舊藏南唐李後主江山擁膝圖水墨短卷筆趣深長蘭坡趙都承故物也毋按後主畫宣和祕殿收九本有雜蹟而無山水故作譜者僅列花鳥門亦何異井蛙之論與

李後主才高識博雅尚圖書蓄聚既豐尤精鑒賞至今内府圖軸暨人家所得書畫多有印篆曰内殿圖書内合同印建業文房之寶内司文印 集賢殿書院印集賢院御書印 此印多用墨 或親題畫人姓名或有押字或為歌詩雜言又書織成大回鸞雲鶴練雀錦標飾今綾錦院倣此織作題頭多用織成縧帶答貼多用黃經紙背後多書裝褙人姓名及所較品第又有澄心堂紙以供名人書畫 圖畫見聞志

王性之錢家有李後主與徐鉉書几數紙所謂如聚鍼鐵者 研北雜志

金人王庭筠字子端畫枯木竹石山水往往見之獨京口石民瞻家幽竹枯槎圖武陵劉進甫家山林秋晚為工遍古人胸次不在元章下也 畫鑒

前人評畫以孫位為真逸之祖而以貫休為逸筆孫知微為逸品同一逸也而知微有意外趣云孫位畫蹟今世少見德隅齋畫品載其畫本奇特知微逸格之目殆非過許云 畫繼

孫太古湖灘水石圖在浙右民家雙幅長軸中畫一石高數尺湍流激注飛濤走雪聽之似覺有聲筆法甚老黄荃不能過也 畫鑒

范寬秋山圖 煙嵐秋曉圖 袁安卧雪圖 溪山蕭寺圖

玉田翁藏范中正秋山圖一曾經劉西臺鑒定猶記卷尾有東
云仰間承見示范寬秋山圖觀其石澗林深筆力蒼老縱橫
滿幅真有古意与家間所藏引首無二故雖未敢必其為親筆然善人益
不得而見之矣得見有恆者斯可矣敢以是啓之不識以為
何如若夫論其真則在乎賞鑒者不淺收者多幸雖至寶亦澈
覆示然以玉而白金亦未易以易之也因感作迴略并以八詠圖奉
觀不宣廷瑞復玉田賢親待聘夫劉沈二公并歸具目當時師
一不圖猶且互相商推如此前輩虛心可想也按秋山圖今趙
蘭坡物而玉田者啓南之初號云

范寬煙嵐秋曉圖

范寬本名中立其為人簡率故人以寬

名之所畫山皆寫秦隴峻拔之勢大圖闊幅山勢逼人真古今絶筆也子昂題

范寬山水叢叢如恆岱遠山多正面折落有勢晚年用墨太多土石不分本朝自無人出其右溪谷深處水若有聲其作雪山全師世所尚王摩詰

李成淡墨如夢霧中石似雲根多巧少真意范寬勢雖雄傑然深暗如暮夜晦冥土石不分物象之幽雅品固在李成上 米氏畫史

郭忠恕臨王維輞川畫小本沉著痛快馬和之畫高曾二頌卷清逸絶倫並在武林高深甫家目力出中下平生不惜重貲購求名跡故所藏亦有卓犖不羣者 古畫錄

林和靖手柬　逋奉白秋深體履清適大師去後曾得信未院中諸事如常否今送到菱角容易〻謹此馳致不宣逋小簡上　瑜兄座主　廿日　暫倩一人引此僕去章八郎家　〇逋奉簡三君數日前曾勞下訪屢以多故未果致謝感愧〻務名必已見了彼珍重者果為兩手所攜矣呵〻如因暇時許相過否馳此不宣從表林逋頓首　四月十七日　所託買物鋪〻索省是前人留下當然未足經伺面敘多感

李成字咸熙其先唐宗室五季艱難之際流寓於四方避地北海遂為營丘人父祖以文學吏事聞于時家世中衰至成猶以儒道自業善屬文氣調不凡而蕭散有大志因才命不偶遂放意于詩酒之間又寓興于畫精妙初非求售唯以自娛于其間耳故所畫山林藪澤

平遠險易縈帶曲折飛流危棧斷橋絕澗水石風雨晦明烟雲雪霧之狀一皆吐其胸中而寫之筆下孟郊之鳴於詩張顛之狂於草無適而非此也筆力因是大進於時凡稱山水者必以成為古今第一至不名而曰李營丘焉然雖畫家素喜譏評號為善褒貶者無不斂衽以推之嘗有顯人孫氏知成善畫得名故貽書招之成得書且憤且歎曰自古四民不相雜處吾本儒生雖游心藝事然適意而已奈何使人羈致入戚里賓館研吮丹粉而與畫史冗人同列乎此戴逵之所以碎琴也卻其使不應孫忿之陰以賄厚賂營丘之在仕相知者冀其宛轉以術取之也不踰時而果得數圖以歸未幾成隨郡計赴春官較藝而孫氏卑辭厚禮復招之既不獲已至孫館成迺見前之所畫張于謁舍中成作色振衣而去其後王公貴戚皆馳書致幣懇請者不絕于道而成漫不省也晚年好游江湖間終于淮

陽逆旅子覺以經過知名踐歷館閣孫宥為天章閣待制尹京故出
金帛以購成之所畫甚多坐歸而藏之自成殁後名益著其畫益難
得故學成者皆摹倣成所畫峯巒泉石至於刻畫圖記名字等庶幾
亂真可以欺世然不到處終為識者辨之第名之不可揜而使人慕之如此
信以議所同焉或云又畫一善畫號長亦高絶也但所長在於山水之間故
不稱云今御府所藏一百五十九○重巒春曉圖　煙嵐春曉圖　夏山圖
夏景晴嵐圖　夏雲出谷圖　秋山圖　秋山靜釣圖　冬晴行旅圖
秋嶺遥山圖　山頂秋嵐圖　冬景遥山圖　寒雪待渡圖　江山寒雪
圖　林石雪景圖三　羣峯雪霽圖三　雪麓早行圖　雪溪圖　雪
峰圖　夏景晴嵐圖三　夏景寒林圖三　寒林圖八　寒林獨玩圖一
奇石寒林圖二　巨石寒林圖四　嵐烟晚晴圖三　煙嵐晚景圖七

晴嵐曉景圖八　嵐光清曉圖二　曉嵐平遠圖二　曉景溪峰圖二

晴嵐圖二　晴嵐平遠圖三　晴嵐蕭寺圖二　晴嵐霽雪圖二

晴江列岫圖二　橫峰曉霽圖三　峻峰茂林圖　喬木蕭寺圖　長

山平遠圖二　古木遙岑圖四　霧披遙山圖三　山陰廣溪圖二　萬

山圖　平遠圖　溪峰圖三　山腰樓觀圖三　讀碑窠石圖　煙嵐

行旅圖二　遠浦遙岑圖四　煙波漁艇圖　江山漁父圖　亭泉松

石圖　秀峰圖　平遠窠石圖　起蟄圖　大寒林圖四　小寒林圖二

山谷晴嵐圖二　江皋群峰圖三　群峰層峰圖二　群峰灌木圖二

春山早行圖三　春雲出岫圖二　宣和畫譜

古人作畫有得意者多再作之如李成寒林范寬雪山王詵

煙江疊嶂之類不可枚舉　畫鑒

許道寧初賣藥長安市中畫山水集衆故早年畫惡俗太甚中年成名稍自撿束至細潤處脱入妙理傳世甚多佳本極少峰頭直皴而下是其得意筆　仝上

董源一作元　江南人也善畫多作山石及龍然龍雖無以考按其形似之是否其降升自如出蟄離洞戲珠吟月而自有喜怒變態之狀使人可以遐想蓋常人所以不識者止以想像命意得於冥漠不可考之中大抵元所畫山水下筆雄偉有嶄絶崢嶸之勢重巒絶壁使人觀而壯之故于龍亦然又作鍾馗氏尤見思致然畫家止以著色山水譽之謂景物富麗宛然李思訓風格今考元所畫信然蓋當時著色山水未多能傚思訓者亦少也故特以此得名于時至其出

自胸臆寫山水江湖風雨溪谷峰巒晦明林霏烟雲與夫千巖萬壑重汀絶岸使覽者得之真若寓目於其處也而足以助騷客詞人之吟思則有不可形容者矣今御府所藏七十有八〇 夏山圖 江山高隱圖二 設色春山畫二 羣峯霽雪畫 夏景窠石圖二 夏山牧牛畫 林峯畫 夏山早行畫 秋山畫 江山漁艇圖 山麓漁舟畫 江山蠱槳圖 萬木奇峯圖 著色山圖 窠石人物圖 水墨竹禽圖三 晴峯圖 山居畫三 山約畫 松峯畫二 長壽真人像 寫孫真人像 江堤晚景圖 重溪烟靄圖 冬晴遠岫圖二 雪浦待渡畫二 密雪漁歸圖 寒林重汀圖 寒林鍾馗圖 雪鋪鍾馗圖 寒江窠石圖 寒林畫 松檟平遠圖 水石

吟龍圖　風雨出蟄龍圖二　出洞龍圖　戲龍圖　昇龍圖　跨龍圖　跨牛圖　飲水牧牛圖　鍾馗氏　巖中羅漢像　牧牛圖　瀟湘圖　漁舟圖　漁父圖　海岸圖　採菱圖二　寒塘宿鴈圖三　夏口待渡圖　水墨竹石棲禽圖二　孔子見虞丘子圖二　宣和畫譜

玉峯張泰曰北苑之畫畫之神也南宮之鑒鑒之聖也皆千秋絕詣也此袁安卧雪圖真蹟乃宋蔣仲永故物南渡後入張受益家有子昂跋今爲沈啓南所得而轉之於余閑中校錄以傳可謂一舉兩得矣丁丑夏五月望日書

董源峯頭工不絕澗危徑遠壑荒迴率多真意○巨然明潤鬱葱最有爽氣礬頭太多○余家董元霧景橫披全幅山骨隱

題林稍出沒意趣高古。蘇泌家有巨然山水平淡奇絶。趙宗盎家藏有出蟄圖江南畫魚蝦相隨山石林木人物如董源龍不俗佳作也是龍吞珠圖　米氏畫史

董源江南人其山峭拔高聳從腳至頂皴擢分明其石若披麻其水縠紋樹多亭直葉單夾筆兼之盡多作人物設色效李思訓其下楊州渚咸君生意一片江南景也　校古賢論

附文嘉書畫記

嚴氏書畫記　茂苑文嘉

嘉靖乙丑五月提學賓崖何公檄余往閱官籍嚴氏書畫凡分宜之舊宅袁州之新宅省城之諸宅所藏書畫盡發以觀歷三閱月始克畢事當時

湯記數目以呈，不暇詳别。今日偶理舊篋得之，因重錄一過，稍爲區分，隨筆箋記一二，傳諸好事。明窗淨几，時一披展，恍然神游於金題玉躞間也。隆慶戊辰冬十二月十七日文江草堂書。

○法書 不錄

名畫一 晋二 顧愷之畫衛索像一 有錢舜舉題 晋人畫張茂先女史箴圖一 六朝二 陸探微道相圖一 展子虔春游圖一 精妙絶倫

○名畫二 唐三十三 吴道子觀音變相圖一 李思訓天落照圖四 内惟一卷爲眞，有跋者乃沈文和筆，頗逼眞，餘二卷乃仇英臨者，不及多矣 李昭道洛神圖一 子昂書 春山圖 明皇幸蜀圖二 俱摹本 明皇游月宫圖一 高頭長卷 布景設色皆異常筆佳物也　漢文帝細柳營圖一　醉道畫一與吾家藏本小異亦舊筆　十八學士圖一　閻立本職貢圖一　西旅獻獒圖一　王維山峽圖一　雪溪畫一　輞川圖一　寫伏生像一　摩詰本輞川畫一圖与舊傳不同乃郭忠恕所摹也筆法高古曾在吳中見之　韓滉晉公演樂圖一　移家圖一　盧鴻草堂十志圖一十圖既精妙而詩又作十體書之乃金陵楊氏物後歸吾蘇袁氏又在丹陽孫氏按米元暉諸公所録已逸其二今十志皆全又有楊凝式周必大跋語尤可寶也　周昉醉妃圖一即世傳上馬圖筆力纖弱疑吳舜舉所摹　白描過海羅漢圖一臨吳道子　韓幹圍人呈馬圖一　馬性圖一　小馬圖一　胡瓌番馬圖一

胡叓番族圖一　唐人捕魚圖一　羣龍雲會圖一　古九龍圖一　五代四顧閎中寫韓熙載夜宴畫二　一眞本上〻有宋元諸跋一臨本　支仲元三仙圖一　黄荃黄百鴈畫一〇　名畫三　宋一百十三　徽廟秋禽圖一　菓藍畫一　翎毛圖一　荔枝畫一已上四卷皆眞其果藍荔枝尤精妙　草蟲圖一近人僞造　周文矩文會圖一　倦繡詩意圖一李後主題云遺陽春畫無消息夜合花開日正西書畫皆精古但余所見凡三四本皆同豈當時所作非止一本而後主皆題之耶　十八學士畫一近時臨本　王齊翰勘書圖二其一為吾蘇吳文定公家物後有東坡跋語圖作挑耳狀曲盡態度其一則摹本也　許道寧山水畫一　張擇端清明上河圖崑山顧氏

本圖藏宜興徐文靖家，後歸西淮李氏，李歸陳湖陸氏，陸氏欠官緡，質于崑山顧氏，有人以一千二百金置之。然所畫皆舟車城郭橋梁市廛之景，品亦宋之尋常等，無高古氣也。　煙雨風雪圖一

文與可細竹圖一，吳中王氏物，上有與可章草題名，後有匏庵詩跋。

蘇東坡木石圖二，其一真筆者。　李龍眠孝經圖一。　山莊圖二，一真本，大約本輞川畫爲之，而筆墨清潤，神煥采發，公麟得意筆也；其一仇實甫所摹，頗能逼真，皆松江顧氏所藏。　輞川圖一。　九歌圖一，絹本白描，凡六段，真筆上上，有曹吳等跋。　臨顧愷之洛神圖二，一宋高宗書，一子昂書，范潤甫本，圖字皆精妙，惟范本不全。　女史箴圖一。　草堂圖一，即吳中張氏所藏獨樂園圖也，舊題爲盧鴻草

堂今尚仍之筆法沉精設色尤妙余嘗摹一過　蓮社圖一　明皇演樂圖二　忠節圖一　西園雅集圖一設色亦佳品　摹顧愷之斷琴圖一舊在吳中曾屢見之稿雖古雅非龍眠筆也　明皇醉歸圖一　江山萬里圖一　汴橋會盟圖一　白描羅漢圖一　海會圖一　百馬圖一筆意頗似唐人　李成盤車圖一　漁樂圖一　山水圖一　寒鴉圖一　董源山水圖一　范寬關山雪渡圖一　萬里江山圖一標題九十有二　郭熙山水圖一　萬里江山圖　米南宮研山圖一　春山煙靄圖一　米元暉大姚村圖一圖藏吳中大姚陳氏蓋元暉有妹嫁大姚郎故有其蹤　趙大年春禽圖一　江鄉雪意圖一　郭忠恕釣艇圖一真筆工工即吳中王氏所藏圖皆界畫樓閣甚古雅

但釣鼇義不知所出中作一王者憑欄用絲繫一木魚置水中豈避暑水殿時用之以適情者耶　越王宮殿圖一　王詵烟江疊嶂圖二其一有東坡題乃後人配上者前畫或云是唐人筆設色用墨信有不同原是吳中王氏所藏其一乃金陵姚氏物也　楊補之墨竹圖一即王欵鶴所藏後歸蔡林屋毅庵題云補之舊擅梅花手思向人間見竹枝者即此也今其詩猶在　漢臣蘇貨郎圖一　趙伯驌桃源圖一伯驌乃伯駒之兄高宗時嘗奉詔寫天慶觀命吳中依樣造之今玄妙觀是也其畫世不多見此圖舊藏宜興吳氏嘗請仇實父摹之與真無異其家酬以五十金由是人間遂多傳本然精工不逮仇作矣　趙伯駒赤壁圖一伯駒字千里其畫傳世甚多

卷此後有高宗親書蘇賦而布景設色亦非餘人可及　文會圖一
桃源圖一大都與伯驌所作不甚相遠貝後亦有高宗書淵明詩
文蓋當時畫院中每一幅必令諸人互作皆以御書繫貝後耳
鳥雀圖一　青緑山水圖一　孟明歸奏圖一幅用白描法亦金陵姚
氏物然非千里真跡也　賈師古歸去來圖一筆法古雅絹素精
好殊可愛玩之自龍眠獬出宋卷中之不易得者　李唐長
江雪霽圖一　獨釣歸庄圖一　虎溪三笑圖一　香山九老圖一
高逸圖一　士遵溪山深秀圖筆法纖細類王晉卿金碧緋
映非尋常人可及題曰士遵蓋宋宗室也　李潼川下蜀圖一
即先待詔在翰林時曾摹者摹本至今猶存後録宋張

後跋語　馬遠孝經圖一高宗書　四景圖一　柳塘聚禽圖一女孝經圖一　夏珪溪山無盡圖一匹紙所畫長四丈有咫紙墨皆佳精神煥發神物也圖藏石田先生家後歸陳道復氏復在吳中徐默川家余屢屢見之　溪山奇觀圖一　溪山鍾秀圖一　山水圖一　馬和之唐風十二圖一　毛詩圖一　國風圖一　甫田十篇畫一小雅六篇圖一　陳居中胡笳圖二俱吳中張氏物圖各不同俱有高宗書　百馬圖一　誌公像一　閻次平溪山深秀圖一　蕭照中興瑞應圖凡六段筆法全師李唐幾於亂真照畫余惟見此及讀碑畫耳　劉松年西湖畫一　九老圖二　宮蠶圖乃稿本　陽關圖一　出塞圖一　李嵩工作圖一　趙芾江山萬里圖一芾居鎮江

之北固畫亦有神韻　李廸畫百犬圖　已上共一百一卷　宋人花鳥圖
八達圖一解學士縉贊　宋繡龍舟爭標圖一　晉文春秋圖一筆
意全似李唐　獐圖一　明皇馬上擊球圖一　明皇太眞對弈
圖一　柳塘飛鷺畫一　小雪畫一妙　番王禮佛圖一二　董宣傳
圖一二卷或云李公麟畫　百靈效順圖一　已上共十二卷　名畫四元七十
三　趙子昂五馬圖二　十馬畫一　白描太眞上馬圖一　幼輿丘壑
圖一人物畫一　浅粧馬一　秋浦征鴻圖一　婦織圖一　題梅花
圖一　烟江疊嶂圖一　墨梅圖一　寫淵明歸去來圖一　管仲

姬竹圖一　趙子固蘭蕙圖一　水僊花圖一　趙仲穆西戎獻馬圖一　百馬圖一　二馬圖一　鳳頭驄圖一右圖先叔祖白湖中丞所藏真跡上上　王振鵬金明池圖一　錢舜舉青山白雲圖一漢宮春曉圖一　楊妃上馬畫一　人物畫一　石勒參禪圖一秋江漁隱畫一　授劍圖一　龔翠巖鍾馗嫁妹圖一用濃農墨圖寫然用筆亦精妙此法古人所未有後亦無能傳者蓋龔奇士故所作亦怪怪奇奇如此　趙元關山勝概圖一　趙原初白描蘭亭圖一　盛子昭吹簫圖一真

筆　湯炜雅霜入千林圖一一卷皆水仙作梅一枝横貫其
中真蹟也　王若水竹雀圖一　花鳥圖一　鄭所南蘭花圖一鄭
本遺民其寫蘭不寫土人有問者答云土被番人奪去了此
本乃吳中沈氏物　温日觀葡萄圖一日觀亦異僧作所葡
萄枝草書法鮮于伯幾草書本此　黄大癡山水圖一天池
石壁圖一　高尚書夜山圖一已圖〻其詩跋皆勝　任月山
馬圖一　李息齋竹圖二　百馬圖一　松鼠圖一　王叔明溪山晚
趣圖一　梅道人竹圖一　漁父圖一筆法全師李唐荆浩　溪山圖一
竹譜二　孟玉澗釋象一　王潭商山四皓圖一　吳閒閒像一　鮮于

伯幾詩畫一已上五十四卷元人松竹墨鴈畫一靖節畫三太眞上馬圖一十八學士游春圖一羅漢圖二白描佛像一白描羅漢畫一松竹梅圖一文姬歸漢圖一明皇幸蜀圖一楊妃出浴畫一擊壤畫一齊人圖一公餘閒賞一已上十七卷名畫五本朝百零四戴文進山水圖一江村雪霽圖山水人物畫卷一江山清趣圖一手卷山水圖一溪山長卷一臨本李在水墨山水戲筆一邊景昭翎毛圖一隆孫百鳥朝鳳圖一顏宗江山萬里畫顧仲頫雪梅圖一吳小仙白描人物圖一神仙圖一儒禮禪宗圖一杜古狂韓熙載夜宴圖二南宮雅致圖一雲湖檉居詩畫卷一夏仲昭嶰谷清

風圖一　沈石田劍閣圖二　墨花圖一　寫韓文公畫記一　溪山暮雪圖一　萬山飛雪圖一　松譜圖二　山水手卷一　墨妙八家一真筆吳中袁氏物也　雪景圖二　吳中佳勝十景一　谿山秋色圖一　谿山雪霽圖一　萬松圖二　遇雨圖二　千古高風圖一假　唐子畏蘭亭圖一　文衡山天池祓禊圖一　赤壁前後賦圖一　水墨雲山圖一　四時漁樂圖一　詩画三　石湖詩畫一　醉翁亭記并畫一　寫竹并題一　詩字畫一　陳白陽山水圖一　青山白雲圖一　花枝圖一　百花卷一　四季花圖二　洛陽春色圖一　赤壁賦圖一真蹟　詩画一　牡丹圖一　陸包山花草卷一　王吏部荷花圖一　水仙花圖一　仇十

洲漢宮春曉圖一　子虛上林賦圖一仇畫贈崑山周六觀經年始
就酬以百金復請　先待詔小楷書二賦於後　沈青門花草圖一陳
子正四時花卉圖一　眠雲花卉圖一　袁孟德萬山風雨圖一柳庄
孫所寫皆鈎竹也　已上共七十卷　千斛明珠圖一俱美人　神京八景
圖二　武陵十景畫一　造化元機圖一　修真　仙奕畫　臨冷啟歇
溪山圖一　江山一瞬圖一　玉臺遺韻一　國初　五岳真形圖一　桃
源圖二俱近人所臨一為吳江趙某筆　九龍圖一　西園秋雨畫
人物花草圖一　吳中佳山水圖一　瓜瓞綿延畫一　美人戲嬰圖
一　契丹納款圖一　金字瑞應畫一　壽樂亭詩画一　珎蹤三昧一

図一　東封日觀図一　玉衡呈瑞図一　清玩一　霓裳舞図一　堯民
擊壤圖一　墨竹圖一　小景一　名人詩畫扇面卷二　已上共三十四卷
嚴氏書畫紀　真跡　記增十三卷
郭熙　溪山行旅図　秋晚殘霞圖　附燕文貴秋山蕭寺圖
宋迪　瀟湘八景圖　萬公圖　崇山茂林図
度支員外郎宋迪工畫尤善為平遠山水其得意者有平
沙落雁　遠浦歸帆　山市晴巒　江天暮雪　洞庭秋月　瀟湘夜
雨　煙寺晚鍾　漁村落照　謂之八景　好事者多傳之　往有
小窑村陳用之善畫　迪見其畫山水　謂用之曰　汝畫信工　但少

天趣用〻深服其言曰常患其不及古人者正在於此也曰此不難耳汝先當求一敗牆張絹素訖倚〻敗牆〻上朝夕觀〻既久　見敗墻〻上高平曲折皆成山水之象心存目想高者為山下者為水坎者為谷缺者為澗顯者為近晦者為遠神領意造恍然見有人禽草木飛動往來之象　目則隨意命筆默以神會自然皆天就不類人　活筆用之自此畫格進　筆談

畫中家妙言山水　峰巒當面起李成筆奪造化工荆浩開圖論千里　石澗烟林深枯木關仝極難比江南董元僧巨然　嵐為一體宋迪長于遠與平　王端善作寒江行克明已往道寧逝

郭熙遂得新來名竹花翎毛不同等特出徐熙入神境趙昌設色古無如王友劉常亦堪逞黄筌居寀及譚宏鷗鷺春葩蜀中景艾宣孔雀世絶倫梅行思雞皆妙品惟有長沙易元吉豈止獐猿人不及鵰鷹飛動羡張涇番馬胡瓌岌然立濠梁崔白及崔慤蘆雁屏風供御幄海州徐易魚水科鱗鬣如生頰雖學金陵佛像王齊翰頋德謙名皆雅玩老曺菩薩各精神道士李劉俱偉觀星辰獨尚孫知微雷氏楞伽亦為伴勾龍爽筆勢飄飄錦里三人競輝煥西川女子分十眉宮粧描綠周昉肥堯民擊壤鼓腹笑滕王蛺蝶相交飛居寧草蟲名浙右孤松

韋偃稱世稀、韓幹能為大宛馬色骨靡有驚人威將軍曹霸
善畫馬寫玉花驄馬令傳之馭人相扶似偶語老杜詠入丹青詩
少保薛稷偏工鶴雜品皆奇推石恪戴嵩韓滉能畫牛小景惠
崇烟漠漠唐僧、傳古精畫龍毫端想与精神通拏珠奮身奔海
窟鬣如飛火騰虛空忠恕樓臺偏有功山頭突出華清宮用及
象坤能畫鬼觜角鐵面頭鬅鬆侯翼曾為五岳圖海山聚出
風雲烏傘朱先生著儒服呂翁碧眼長髭鬚愷之維摩失舊
踪但見累世令人模探微真蹟存一本甘露板壁猴猊枯搡蛇
惡鬼吐火獸鑿名道子傳姓吳僧繇殿龍點雙目即時便有

雷霆驅仙　葛老度溪嶺蕭洒數幅名移居輞川山水并捕魚長　華寒疏〻予家所有將盈車高下百品雜出書相傳好古雅君子覩詩觀畫言無虛　沈存中畫歌

釋巨然　赤壁圖　雪屋會琴畫　秋山漁艇圖　蕭翼賺蘭亭圖　附高克明雪霽溪山畫　吳鎮居人漁父圖　平林野水圖

夏山欲雨畫　草堂詩意圖

巨然秋山漁艇在王氏或云即江山疊嶂或云江山晚興真跡神品工〻今歸屬董玄宰　太家史矣

雲道人藏巨然夏山圖深翠直幅絹本淺絳色迫塞滿紙

蓊鬱幽深爲真無疑款識留石脉間神品也

丙子陽月望前二日余同朝廷世兄訪吳能遠氏話間承示宋裱絹本巨然蕭翼賺蘭亭立軸上有宣文閣印紹興小璽紀察司印其畫山水林木滿幅皆用水墨畫行法止人物屋宇稍爲設色筆法奇古漸開元人門戶坡是甲觀次出黃涪翁行楷四帖其一帖爲叠年詩三首第二三四帖皆赤牘也而第三帖爲借捕魚圖東題名堅字作三字形與蔡君謨十帖中間有寬字類花押之狀者皆古人奕葉風研處次出趙鷗波松石老子圖小幀畫學全師唐人設色濃古次出黃大癡襮琴圖澗

幅作淺絳色樹石清逸人物生動上有楊鐵崖題當是此老得意筆云次出王黃鶴谿山高逸圖係晚年筆款云黃鶴山人王蒙故銘西楷行楚楚更隱然次出倪元鎮碧梧翠竹圖筆勢蒼勁草草而成絕不類其平時細描輕染畢施丹淺色點綴乃知此老胸中無所不有耳末出方方壺金鷔曉日為洪武巳酉作烘鎖濃染種種動人又方壺畫山水一卷上有文徵仲題詠雖精緻秀美具渾然天成處尚不如金鷔曉日逸氣撲人眉宇間令人有搴裳濡足意是日獲觀名跡令人應接不暇記此以修眼福

文仝　晚靄橫看　盤谷圖　水墨此君圖　倒垂竹

石室先生絹本晚靄橫看前後樹石屋宇人物皆佳左方有潞翁題跋原係高頭闊幅思陵改裝行卷清真奇絶秀潤超羣細玩書畫並佳遠勝李貞伯藏與可水墨此君圖也第李卷備有坡翁律詩題識元人李衎以下十跋此又文畫蘇詩同爲卷軸者也第蘇詩頗有殘缺不得稱爲完璧惜哉

東坡贊文與可梅竹石云梅寒而秀竹瘦而壽石文而醜是爲三益之友全集所不載豈公暮年之筆耶　蘇長公外集

宋　李公麟　五百應真圖　九歌圖　慈孝故實圖　君臣故實圖

陽關圖　西園雅集圖　維摩詰所說經相　便橋受降圖

定林蕭散圖　龍眠書法山谷謂其畫之関鈕透入書中　妮古錄

王詵　烟江疊嶂圖　層巒古剎圖　增夢游瀛山圖　定園晉卿

山陰陳迹　雪谿乘興　四明狂客　西塞風雨

王詵學李成皴法以金碌爲之似古今觀音寶陀山狀作小景亦

墨作平遠皆李成法也　米氏畫史

艷艷　著色春山圖

米芾　九歌圖　淨名齋圖　海岳庵圖　壯觀圖并詩賦

山林圖

王介石完臣所藏　米老自畫東山朝陽巖海嶽菴圖卒章

而寫極有天趣 海岳庵雨朝陽岩背焦山其側有早来堂後有自書海岳庵賦并五詩筆意奇絶誠佳物也至正癸卯正月廿九日文辟與士文觀於張松谷家松谷乃士文泰山故予得一見 雲烟過眼録

寶章待訪録

元祐丙寅八月九日米芾元章譔

右霞承假寶章待訪録馳上此海岳遺蹟幸秘之不宜存和甫 子昂承旨相公 行書

海岳小楷世所罕覩此寶章待訪録全出泰和家法時雖歐褚等仗宜為肇年真跡無疑 張奉

學書貴弄翰謂把筆輕自然手心虛振迅天真出於意外所以古人書各各不同若一一相似則奴書也其次要得筆謂筋骨皮肉脂澤風神皆全猶一佳士也又筆筆不同三字三畫異形作意重輕不同出於天真自然神異故得筆則雖細又書非以使毫使毫運墨而已貫渾然天成如蓴絲是也故得筆雖細為髭髮亦圓不得雖麤如椽亦褊此雖心得亦可學入學之理先寫壁作字必懸手以鋒抵壁久之必自得趣也余初學顏七八歲作字至大一幅寫簡不成後見柳而慕緊乃學柳

金劉繹去之生

出於歐，乃學歐，久之如印板橅筆，乃慕褚而學最久，又慕
段季展轉摺肥美，八面皆全，久之學段全繹蘭亭，遂〔段〕
並看法帖，入晉魏平淡，棄鍾方而師師宜官，劉寬碑是也。
篆便愛詛楚、石鼓文，又悟竹簡以竹聿行漆，而鼎銘妙
古老焉。其書壁以沈傳師為主，小字大不取也，大不取也。
馬和之唐風十二篇圖　豳風圖　小雅六篇圖　商魯二頌
圖　范蠡五湖圖
莊蓼塘肅所藏　張萱彈琴士女　明昌御題并前後印皆
入賈氏元喬仲山物也　楊庭光畫觀音　徽宗題　孫太古

上眞其上作山水甚古怪木盤石神坐石上其像甚佳　董元
溪岸圖思陵題王升西得之雲中　董元著色山居圖思陵題
余家物也得之王瓘後歸小許　張南本勘書圖思陵題　徐崇
嗣花二幅　又絳色山居圖是李伯時　唐人畫戈船二隻甚佳　陸
滉畫庶人章　孫夢卿松石問禪所畫一僧妙絶　荆浩李成山
水各一　陸滉捕魚單幅　周昉揮扇士女　顧閎中畫明皇擊梧桐
甚長　周文矩寫李季蘭眞　戴嵩戲牛圖　黄筌紫葵花
有一雀立花上　王晉卿長江遠岫著色山水前一帶山水可喜
吴生過海騎馬天王高宗題　關仝山水及李思訓巫山神女圖

米友仁 湖山煙雨圖 瀟湘妙趣畫 新昌戲筆圖 贈李振叔水墨雲山圖 大姚村圖 苕溪春曉圖 附方方壺奇峯白雲

米元暉高自稱許畫品凌跨而翁向見湖山烟雨圖卷縱橫變幻神化無窮有元暉自題黃松瀑戴九靈詩跋原係袁戒卿藏本即寓意編所載也又聞元暉瀟湘妙趣短卷宋元人題詠極多詳載鐵網珊瑚名畫部內蓋為左達功作云

湖山烟雨圖 先子只一同胞姊適大丞相文正李公曾孫黎州使君吾第九女弟復以嫁姑之前室子李坦何處得此澄心半匹古紙與女弟同觀与人作字管城氏在手請作戲墨愛此紙

今未易得乃乘興爲一揮湖山烟雨當自秘之勿使他人豪
奪老懶日趨於無思無爲清淨寂寞之域是爲沖適妙存
自得可樂處豈復更有童心也哉　紹興改元十一月九日流寓
建康府溧陽縣新昌村書海岳後人時予除守莆陽言
者輒以資淺爲説　自改官後已六經堂除矣其資尚淺
乎兩歷貳車與大名少尹又書學書局也

贈李振叔水墨雲山圖　紹興乙卯初夏十九日自溧陽來游
苕川忽見此卷於李振叔家實余兒戲得意作也世人知余
善畫競欲得之尠有曉余所以爲畫者非具頂門上慧眼者

不足以識不可以古今畫者流求之老境於世海中一毛髮事泊然無著每靜室僧趺忘懷萬慮與碧虛同其流蕩焚生事折腰為米大非得已事此卷慎勿與人元暉

小米大姚村圖真本舊藏村中陳氏今在顧仲方中翰家亦見嚴氏書畫記云此卷白石翁嘗臨摹之赭石甚紅蓋異製也

古今畫流不相及處其布景用筆不必言即如傅色積墨之法後人亦不能到細檢唐宋大著色畫高米水墨雲山皆是數十百次積累而成故能丹碧緋映墨彩晶瑩鑒家自當窮究底裏方見良工苦心慎毋與率易點染淡粧濃抹者

同類而視之也

方方壺名從義字無隅勝國羽士也畫師高米大有逸趣

陽氏所藏奇峰白雲小幀工有隸書圖額四字并年月欵識

兩行筆意疏宕蕭然有出塵之致絶勝尊生齋藏赤岸

古松而惜紙頗塵垢色澤剝蝕耳終不失為名跡也

# 畫粕

第三册

學書全在用筆起伏有力間架仿古結體嚴密轉折圓潤如鐵鑄轉頸餘裹針 行書較楷法更多楷求整穩行變化無方

幼時得沈韻樓太炯伯詢睦帖以何章為師謂行書絕少如唐顏柳爭坐三表李雲麾碑宋書四家皆不宜學若欲練屏快時目要惟隨之書光季然香光著閒樣猶正如水浸鐵鑄卯石不易沉著今思此之識然、

畫粕

趙伯駒 三冊 明皇幸蜀圖 東坡樂水圖 訪戴圖 三生畫

煉丹畫 出峽畫 驪山圖 附龔開中中山出游畫

江陰葛維善舊藏趙千里明皇幸蜀圖絹本重著色雖小幅甚妙

秀雅超群絕無皴法都元敬先輩載之寓意編今轉屬太原

王氏矣近改作高頭短卷或云此圖千里摹思訓之作圖是甲觀

劉松年 聽琴畫 老子出關圖 西湖春曉圖 畫扇

御前待詔劉松年畫師張敦禮工為人物山水種種臻妙名過

于師黃氏藏其著色聽琴圖一秀潤清雅墨法精奇後有復無

楊維禎等七詩杜東原鑒定真跡也

李唐 長夏江寺圖 晉文公復國圖 桃林縱牧圖

采薇圖 附蕭照中興禎應圖

李唐字晞古河陽三城人建炎間與馬遠夏珪同為畫院待詔賜金帶善畫人物山水筆意不凡尤工畫牛得戴嵩遺法所製長夏江寺圖卷古雅雄偉今在吳郡朱氏前有高宗御題後有開封趙與懃印 真筆妙品上上如馬遠松泉圖夏珪溪山無盡圖名跡皆然不能及之固宜前人稱許云又見尊生齋收桃林縱牧小幅亦晞古作不知者謂為戴嵩殊可笑也

宋南渡士人多有善畫者如朱敦儒希真畢良史少董江參貫

道皆能畫山水窠石，如畫院諸人得名者，若李唐、周曾、馬賁，下至馬遠、夏珪、李迪、李安忠、樓觀、梁楷之徒，僕於李唐差加賞閲，其餘亦不能盡别也。畫鑒

趙子昂近宋人，人物為勝；沈啓南近元人，山水為優。二子之于古，可謂具體而微。大小米、高彦敬以簡略取韻，倪瓚以穉弱取姿，宜登逸品，未是當家。藝苑卮言

蕭照畫本酷似其師李晞古，以墨氣厚重者為照家法，然人物、舟車、屋宇種種皆精妙。

江參 江山不盡圖 臨巨然江山晚興圖 百牛圖

附李潼川下蜀圖

董玄宰買龔氏江貫道江山不盡圖全法董巨是絹素本其卷約有三丈後與周密林希逸跋極為陳仲醇所嘆賞也貫道生長雲川深得湖天之趣平遠曠蕩盡歸方寸故作畫造景筆下得意外言非他人之比同時有李潼川者工畫山水筆意髣髴貫道殆是同一師承者耶

巨然師董源短筆麻皴江參師巨然泥裏拔釘皴　画系

馬遠　松泉圖　孝經圖　柳塘聚禽圖

文待詔徵仲家藏馬遠松泉圖卷絹本淺絳色上作五松

甚奇士一高士步行翩然一童子携阮具隨後其間烟雲泉石點綴有法如覩異境也卷尾題詠出勝國鄭元高啓王彛諸先輩書學精美足稱聯璧耳

馬遠興祖之孫也貴以畫獸雜畫有名元祐紹聖間見之畫繼云

董玄宰太史生平不喜馬夏畫本及觀松泉圖卷則又賞其清勁為之欽袵贊賞不能已已

夏珪　溪山無盡圖　千巖萬壑圖

夏珪谿山無盡圖匹紙所畫其長四丈有咫筆墨皆佳精彩煥法神物也舊藏石田先生家後歸陳道復氏復在金閶

徐默川家蓋禹玉劉跡也

夏珪善山水布置皴法與馬遠同但其意尚蒼古而簡淡喜用禿筆樹葉間夾筆樓閣不用尺界畫信手畫成突兀奇怪氣韻尤高　格古要論

趙孟頫　鵲華秋色圖　水邨圖　重江疊嶂圖　幼輿丘壑圖　鷗波秋曉圖　秋江待渡圖　江山蕭寺圖　溪山仙館圖　東西兩洞庭圖　松石老子圖　袁安卧雪圖　古木散馬圖　白鼻　人馬圖　附管道昇漁父圖

子昂書畫並優然畫實勝書尤爲前元絕品予向見其鵲華秋

色一卷按題蓋為周公謹作山頭皆著青綠金師王維遺法雖尺許小圖而具無窮之趣昔人論畫云小心布置大膽落筆又云意在筆先筆盡意在此畫有焉今藏宜興吳氏

弁陽老人公謹父周之子孫猶懷土南來寄食弁山陽夢作齊東野人語濟南別駕平原君為貌家山入囊褚鵲華秋色翠可飡耕稼陶漁在其下吳儂白頭不歸去不如掩卷聽春雨　鐵網珊瑚

趙文敏重江疊嶂與王敦美家水邨畫形模甚異機趣各別固知兩翁胸中富丘壑筆底足煙霞有非衆史所可企及者耶

嚴氏藏趙魏公幼輿丘壑圖卷後有趙雍趙麟跋尾宇文公諒

楊維楨題詠不及甚録尚記魏公自跋云 余自少小愛畫得寸縑尺楮未嘗不命筆模寫此圖是初傅色時所作雖筆力未至而粗有古意邇來鬚髮盡白畫乃加進然百事皆懶欲如昔者作一二圖亦不可得右之要余再跋故重書以識之 孟頫○ 右之邇來苦心學道不蓄長物故此卷亦復棄置姑蘇金實之收而藏之誠好事者 子昂真蹟

俞氏又藏趙文敏公小畫一幀絹本淺絳色行筆蒼古題云江山蕭寺圖子昂其畫法全法董巨大饒元人風趣且尺山尋水寸木多人而有巉嵒之勢浩渺蓊鬱生動之形品在秋江待渡以上乃公盛年用意作也

子昂自跋畫卷云：作畫貴有古意，若無古意，雖工無益。今人但知用筆纖細，傅色濃豔，便自為能手，殊不知古意既虧，百弊橫生，豈可觀也。吾所作畫似乎簡率，然識者知其近古，故以為佳。此可為知者道，不為不知者說也。大德五年三月十日趙孟頫跋

米友仁　苕溪春曉圖

方從義

方方壺金鰲曉日，為洪武己酉作，烘鎖濃染，種種猶人

高克恭　秋山暮靄圖　山村隱居圖　夜山圖

古今寫山水者流傳幾及千人，惟二米高倪之蹟簡澹超逸，並使人不可摹，真奇絕也。近見項氏秘藏秋山暮靄圖卷函

溪自然掃畫工蹊逕的為彥敬絶品得而藏之足可眼空一世
矣何必王維李成哉
彥敬小幅近見秋山過雨紙本淺絳色烘瑣活脱林木森疎
奇絶
高尚書彥敬畫巨中歲之米損益別自成家評者至有真逸
品之目而其遺跡日少得者重如拱璧世傳夜山圖小本為李
公略作同時題詠者三十人並稱國士允為藝林神逸嚴分
宜當國勤臚始得之至籍沒時失其畤圖引僅存詩跋一卷
毋意此等名跡皆有神物護持異日必為延津之合也記此

以俟
黄公望 富春山圖 鐵崖圖 溪山雨意畫 浮嵐暖翠圖
層巒峭壁畫 萬壑秋聲畫 芝蘭室圖并記 九峰雪
霽畫

大癡畫格有二一種作淺絳色者山頭多礬石筆勢雄偉一種作水墨者皴擦極少筆墨尤為簡遠近見吳氏藏公富春山圖一卷清真秀拔煩簡得中其品固在松雪翁上也而雲林生云黄翁子久雖不能夢見房山鷗波要亦非近世畫及師可及豈元人所重者頗在沈著痛快耶

黄一峯畫卷自當以富春山圖壓卷江山勝覽次之如三泖九

峰畫雖有金問沈粲第題品又次之

鐵崖圖　大癡為廬夫畫

汪景淳藏一峰道人層巒積翠小幅筆墨秀潤髣髴董源兼

大癡二字爽爽軒翥可愛

黄大癡谿山雨意圖　此是僕數年前寓平江光孝時陸明本將佳紙二幅用大陀石硯郭忠厚墨一時信手作之此紙未畢已為好事者取去今復為世長所得至正四年十月來溪上足其意時年七十有六是歲十一月哉生明識

元人畫本妙絶古今如黄翁子久之山水在四名家中宜為冠所

作浮巒暖翠的屬第一陳仲醇尚以景碎病之何耶

品題書畫較之銅玉窑器難易不啻倍蓰故鑒家當具金剛眼力鞫讞心思自然萬不失一吾黨乍見卷軸切須刻意玩索勿謬許可鑒賞既定自當放膽收錄毋惑人言執此以觀天下書畫亦可也〇黄子久絹本九峰雪霽圖至正九年春為班彥功作

筆法簡古理趣無窮足稱意在筆前筆盡意在者也

東山小隱 吴门黄公望臨安王淵合作京兆杜本題識汾亭石巖畫集山居卷今在松江張懷澤家

同觀沂陽董復家藏

黄子久春林遠岫小幅在郡城湯氏仝數倪雲林清逸可悉

黄子久萬壑松風晴峦晚色二軸並在董玄宰太史家大幅奇绝與趙文敏公溪山仙館誠伯仲也

一峯道人沙磧圖紙本低頭卷行筆細潤布景清嘉是袖卷中之不易得者後有饒介之等題詠品與倪元鎮贈耕雲畫卷相後先的為名跡無疑耳

跋黄子久畫卷　本朝畫山水林石高尚書之氣韻閑遠趙榮禄之筆墨峻拔黄子久之逸邁不羣王叔明之秀雅清新其品第固自有甲乙之分然皆余欽枉無間言者外此則非余所知矣此卷雖非黄傑思要亦自有一種風氣也至正十二年三月七日與明道尊師謁張先生因以

示余遂得縱觀東海倪瓚題 雲林全集

黄子久好作小楷圖題中饒古意别有一種韻度蓋自趙文敏公而下指不多屈矣在俞和倪瓚以上

王蒙 南邨真逸圖 太白山圖 青卞圖 寫憶秦娥詞意 琴鶴軒圖 松峯圖 玄武傳真圖 聽雨樓圖 具區林屋圖 華溪漁隱圖 阜齋圖

品畫以元人為宗而元人中尤以子昂子久叔明為得其神如彥敬仲珪元鎮輩今世餅金懸購然余詳觀熟玩有獨詣無全能也第子昂子久之蹟流傳絶少所見指不多屈叔明約見廿餘本雖稱

動人種〻求其落筆精微布景超妙烘鎖活潑殆未過有吳氏
南邨眞逸卷者也每一展玩恍疑身在畫圖中與王陶二公相揖
讓琴聽聯句蔭長林坐奇石忘卻人間名利韁鎖𠌶〻自得不
啻元章之遇感壓矣

王紱明鐵網珊瑚小幅一時題詠極多畫品瀟疎可喜
琴鶴軒圖　紱明爲以良畫

王蒙畫宗李昇品在子昂子久之間近見顧氏著色玄武修眞
一軸款云黃鶴山中王蒙画落筆精微林深石潤足稱用意之作與絹本
天香書屋紙本仙山脩道一律遠勝雲道人藏松峯圖也道人尚有水墨

山水一幀雖草草勾斫而天趣滿紙題云黃鶴山中樵者王蒙為聽雪舟主者畫其篆文兩行亦瀟灑可喜耳○又聞王子蒙黃鶴山居圖真跡落筆奇偉層疊無窮青城山人王璲題以長謌亦甚可喜不讓雲林小隱畫也此本今在項氏

北宋四名家李成為冠董源巨然范寬次之南宋則劉松年為冠李唐馬遠夏珪次之勝國則趙孟頫為冠黃公望王蒙吳鎮次之而董源黃公望尤為品外之奇如馬遠夏珪吳鎮鄙性不甚見喜特以前人尊重之極故並列之篇中耳敢以就正真賞者○ 輓近世談畫例推元人為第一流殊不知元人畫

學無不從唐宋名賢董源者但唐宋畫本真跡罕存好事家多見臨本往往從而輕易之殊非尚友真賞之道也試舉一隅言之如王蒙山水其人物草樹烟雲烘鎖一一傚倣李昇止皴法為稍異耳項氏藏昇高賢圖卷具在熟觀細閱足可印證舉世忽而不察有愧昔人祭海先河之義矣○顧氏藏休明松谿高逸松下温琴二幀紙本淺絳極佳第前幀水亭中人物雜沓後幀山頭似屬平平畫難全美如此

古今畫題遞相創始至我　明而大備兩漢不可見矣晋尚故

實如顧愷之清夜遊西園之類唐飾新題如李思訓仙山樓閣之類宋圖經籍如李公麟九歌馬和之毛詩之類元寫軒亭如趙孟頫鷗波亭王蒙琴鶴之類明製別號如唐寅守耕文壁菊圃葳山仇英東林玉峯之類五等皆可覽觀惟軒亭家為風雅向見倪瓚耕漁軒名賢往矣堂構墟矣而徐一本作亡氏昔年佳勝恍然在目誰謂書畫一小技于道未為尊耶

倪瓚　獅子林圖　黃鶴山居圖　山陰丘壑圖　龍門獨眺圖

高進道水竹居圖　惠山圖　春山嵐靄圖　春林遠岫圖　鶴林圖　隔江山色圖　遠樹石岫圖　溪山仙館圖　雅宜山齋圖

樹石平遠圖

倪雲林先生一生不畫人物惟師子林畫有之亦罕著色者自高進道水竹居圖外秘閣徐太常藏山陰丘壑圖卷為周玄真作藏舊華文伯家今在董玄宰處款云鶴林畫為元初畫瓚後有元鎮靈鶴詞并鄭洪來見心胡若思文徵仲等詩贊而董玄宰跋之甚詳前後凡十有八人云其畫前作遠山一帶中作疎林七株復有方壇一鶴一雖蕭疎小筆而逸趣無涯真仙品也靈鶴辭後題名書倪作郳亦屬創見

又倪迂天香深處短卷畫法尤精題識娓娓可誦

倪迂師子林圖自跋　余與趙君善良以意商榷作師子林圖真得荆關遺意非王蒙輩所夢見也如海因公宜寶之懶瓚記癸丑十二月真跡　後有董元宰太史跋尾弗及録云　趙善長名元別號丹林畫師華原其遺迹流傳蓋寡世極貴之

倪元鎮師子林一卷書法娟秀跋語清真所畫柴門梵殿長廊高閣叢篁嘉樹曲徑小山以及老僧古佛無不種種絕倫止墻角一株梅似屬累筆春秋責備賢者予為作此品題正使瑜不掩瑕方是迂翁真相知耳

又見倪高士山水小册一幀拍塞滿紙筆墨清古右方題欵兩行

詞曰雲林子畫丁未八月别有文徵仲太史一詩寫作對題可覓元鎮詩帖改裝袖卷展玩也

傳聞倪迂尚有贈王耕雲山居圖卷極為詳整在新安士人家渴欲一見而未能至今尚在夢想

倪雲林山陰丘壑圖跋　雲林生平不作青緑山水僅二幅留江南其家精者也若近若遠若濃若淡若無意若有意殆是西施輕裝臨緑水不勝其態倉卒見之靡不心折據題初寫趙士贍後大鄒惟一家惟一所託以致者書法亦遒婉雅勝其生平　王世貞題

弇州山人四部稿

雲林水竹居圖　至正三年癸未歲八月望日高進道過余林下爲言僦居蘇州城東有水竹之勝因想像圖此并賦詩其上云

僦得城東二畝居水光山色照琴書晨起開軒驚宿鳥詩成寫硯洗游魚倪瓚題

王廷瑶携示雲林僦居城東圖小幀青緑滿幅全師董源其上小楷詩題極精無能識者張丑廣德特定爲天下倪畫第一即舉世非之不顧也乃書贊云　晚閱倪筆百千拔一余方盛夸舉世共譁作者固難知亦不易僦居擅場鑒定斯至　皆萬歷丁巳三月廿日書

東園草堂圖倪清閟晚年筆　秋林野興

雲林作畫惜墨如金無一筆不從口出故能意渾膩閒後人刻意摹擬能形體略同耳精神殊不及也

張雲門古木疏竹之修篁小幅而楊鐵崖題之足稱三絕向後便元鎮駢柴右方為綠秀石連綴樹頭竹葉畫題淺淋漓大奇

賞鑒書畫要訣古今不傳之秘大都有四特為拈出書法以筋骨為神不當但求形似畫品以理趣為主奚可徒尚氣色此其一夷考宣和紹興明昌之睿賞弗及寶晉鷗波清閟之品題舉一例百在今猶昔此其二只有千年紙曾無千歲絹收藏家輕重攸分易求古淨紙難覓舊素絹展玩時真偽當辨此其

三名流韻士競以傚倣見奇取重通人端在于此俗子鄙夫專以臨摹藏拙遺識有識豈不由茲此其四是故善鑒者毋為重名所駭毋為秘藏所惑毋為古紙所欺毋為搨本所誤則于此道稱庶幾矣

高克恭 補

高士安字彥敬回鶻人居官公暇登山賞覽故湖山秀麗雲烟變滅藴於胸中發於毫端自然高絶其峯巒皴法師董源雲樹學米章品格渾厚元朝第一名畫也

高尚書夜山圖 ○ 萬松嶺畔中秋月況是樓居最上方一般江山

果奇絶郤看明月似尋常 高克恭為公畧作

高房山巢雲圖 越山畫

僕品畫以精細為先故於宋元雲山不甚留意閱書必求上古所無

蓄名唐人書者有志欲購已高貲也

黃公望 黃子久富春山圖水墨紙本袖卷今在宜興吳氏後有

李貞伯沈啟南二跋極稱許之在吾家溪山雨意畫上或以簡淡

少之過矣

一峯道人春山欲雨圖筆法不類平時清逸之極與王絣明巖

居高士同品此等妙跡雖為不知者道也

聞震澤王氏藏子久雲林秋晚絣明與匯林屋仲圭夏山欲雨

三圖皆巨幅妙絕惜余未及見之

大癡溪山小景　僕留雲間三四載每常落魄凡親識朋舊出絹素以徵惡畫往往不能奉命而亦不我責也此本不知為誰所作意趣頗合而為伯新所得裝池而見示且俾題其切諦之非筆之工乃墨之佳而混之善耳至正四年歲八月廿九日大癡道人題時年七袠有六 真蹟

大癡松亭秋爽小幅為元初真士作在相城沈氏啟南翁收物也今錄原題於後 未錄

黄大癡江山勝覽圖跋　近來吳子輩爭先覓勝國趙承旨黄子久王叔明倪元鎮畫幾令宋人無處生活余甚為扼腕今觀

子久江山圖僅尋丈耳而有萬里之勢且用筆極簡而意愜有餘眞西施洗鉛粉立苎蘿時狀我見猶憐況老奴乎同題而寶藏之戊辰夏五月極熱於蘿薋園書

## 王蒙

晉唐名跡流傳於世者絶無品題等項宣和紹興間稍稍以標記即跋語不過寥寥數言而已獨元人最尚題詠而於畫本尤甚多至三四十人者故雅士云畫被元人題壞此殆有激之論也余謂果出名手如水邨聽雨聽漁軒諸作不妨多多益善 長元按此條在聽雨樓卷後

新都徐晉逸購得王蒙琴鶴軒圖卷為錢以良高士作運筆古樸設色渟厚種種皆可寶藏惜後詩記不甚稱故未為世所知乃耳食者謂出臨摹人手似持論似此甚矣士俗不可醫也卷前有楊尹銘篆署後有沈夢麟記釋法震董存等十詩皆真跡此条在琴鶴軒卷前

項氏別藏王叔明南邨草堂圖紙本淺絳色行筆清逸布景周詳蕙收藏得地楮墨如新品在林泉清賞之上真神品也

王蒙太白山圖長卷精細之極亦復瀟灑大類王右丞筆後有宗泐道衍等跋又水墨青弁圖巨幅全學董北苑雄渾可愛相去如出二人也

劉鈺　夏雲欲雨圖　葑溪草堂圖　附杜東原友松圖

黃淳父藏劉廷美僉憲夏雲欲雨圖，上有沈啓南徵君題詠，云稱其蹟逸品上上，蓋雲山月嶠、暮靄烟雨、弄晴晴欲雨，古留今畫流所難，非若晴巒雪嶺、瀟灑風林、淋漓雨樹，猶可從筆而成者也。今廷美云爲此圖也，不特上掩仲珪，云可比肩北苑，且啓南長歌字字珠璣，真是詩中畫、畫中詩，較之家藏放鶴圖，相去不啻倍蓰耶。

近聞完庵從人世傳以畫小洞庭袖卷，清逸動人，名公題詠極多，未及見云。

劉西臺踏梅道人夏雲欲雨圖文不錄宏治乙丑三月修禊日沈周題真跡

近見孟端小幅極精，題云：前山後山蒼翠深，大樹小樹寒蕭森。不知何處打魚者，日暮泊船溪水陰。好事者規為完庵劉鈺之作，雅士亦有信之者，鑒定之難如此。

劉僉憲畫本當以葑溪草堂十景為第一，絕細而饒氣韻，筆意在元人之上，蓋出董北苑也。畫以虛和蕭散為上，故鑒家極尚綿裏針法，而筋骨怒張者弗取也。

廷美秋山水圖一軸在予家，按題為東禪寺福公作，詩文書畫皆足稱四美具也。又見廷美夜景小幀，筆法尤精，題云：中秋對月思親圖，成化戊子彭城劉鈺畫，相傳寫贈沈啟南者，今

在顧氏二畫堪爲伯仲皇明書畫史如林紀之則不可勝紀余采其尤絶者篇于著

劉鈺廷美以書畫顯天順間同時杜瓊徐有貞馬愈沈貞吉恒吉祝允明王寵並能寫山近世莫及瓊字用嘉博雅清備人倫師表其畫本世頗有之源出沈遇而麗遒過人品在徐賁陳惟允之下其丹崖碧嶂圖絶勝有貞字元玉以復辟勳封武功伯山水清勁不凡馬愈字抑之亦第進士書法清勁畫登逸品貞吉乃啓南世父畫師董源可亞劉廷美其弟貞恒吉爲張浩彦廣之壻所謂同齋先生者也畫更虚和瀟洒不在宋元諸賢下第其遺跡絶少故不爲世所知余僅見其勝感八冊描寫入妙宜乎

百谷徵士之嘆服也○吾吳士氣畫本啓南之後祝希哲嘗臨小米雲山卷本身上有自跋極可玩又王履吉登嶽頻弄筆作山水墨山林亦妙品也　外此陳醒庵名寬李季昭名暹

杜東原友松圖

沈周　仙山樓閣圖一名天繪樓圖　荷香亭圖　春山欲雨圖　贈吳文定公行長卷　西園八詠冊　倣十六名家山水巨冊　洞庭秋霽大幅　東庄圖　大設色秋山閑適畫長卷原名春草堂畫

附文徵明山靜日長圖　江山清霽圖　關山積雪圖　層樓畫小楷古本水滸全傳

石田少時畫本不過盈尺小景至四十外始拓為巨幅粗株大葉草草而成橋李項氏藏翁荷香亭卷樹石屋宇最為精細秀潤乃是早歲之筆然遠不及蔡氏仙山樓閣卷也蓋仙山乃翁盛年所作據自跋云此卷留心二年始就緒其間千山萬樹寸屋分人各有生態比荷香亭卷尤覺細潤而筆力又極蒼古足稱集大成手求之唐宋名卷目中罕儔真可雄視一世

仙山樓閣圖　天繪樓　吳奕篆山水之作本畫而有之其來尚矣山水無有定形隨筆改之而已耳然亦在人運致也余作畫特游戲此卷留心二年始就緒觀者自能知其工拙　沈周

皇明畫學自劉廷美開山之後當推沈啓南爲廣大教化主如唐
子畏之清真文徵仲之古雅足可南宗北派也
文徵仲　山静日長圖卷　金陵十景小册　拙政園圖　摹
李成寒林圖　江山清霽圖　山園畫　少峰畫　樂全軒畫

文待詔山静日長圖卷　唐子西詩云山静似太古日長如小年
余家深山之中每春夏之交蒼蘚盈堦落花滿徑門無剝啄松
影參差禽聲上下午睡初足旋汲山泉拾松枝煑苦茗啜之隨
意讀周易國風左氏傳離騷太史公書及陶杜詩韓蘇文數篇
從容步山徑撫松竹與麛犢共偃息於長林豐草間坐弄

流泉漱齒濯足既歸竹窗下則山妻稚子作筍蕨供麥飯欣
然一飽矣弄筆窗間隨大小作數十字展所藏法帖筆蹟畫卷
縱觀之興到則吟小詩或草玉露一兩段再烹苦茗一杯出步
溪邊邂逅園翁溪友問桑麻秔稻量晴校雨探節數時相與
劇談一晌歸而倚杖柴門之下則夕陽在山紫翠萬狀變幻頃
刻恍可人目牛背笛聲兩兩歸來而月印前溪矣味子西前句
可謂妙絕然此句妙矣識其妙者蓋少彼牵黃臂蒼馳獵于
聲利之場者但見衮衮馬頭塵匆匆駒隙影耳烏知此句之妙
哉人能真知此妙則東坡所謂無事此靜坐一日是兩日若

活七十年便是百四十所得不已多乎　嘉靖己丑仲秋十日長洲

文徵明畫并書　真蹟

徵仲太史拙政園圖一冊計十二幀　精細古雅爲敬止侍御作今

在顧氏

徵仲先輩摹李成寒林畫有大小兩本並在長兄伯含所筆墨

精鋭樹石幽奇得而藏之足可壓倒元白矣

文太史江山清霽圖紙本淺絳袖卷全倣荆關行筆極細而有

韻度山林深遠恍游異境按左方小楷跋語乃是寫贈陳道復者

真神品也今在曹山顧氏○　有客以關山積雪圖見示精細之

極索價五十千經年始售乃徵仲盛年傑筆也其人云尚有唐樓圖在其家界畫奇絕題名尚用文壁較之晚歲率易而成者真天淵矣。太史公又為默川先輩作山園翁長卷絹本大着色前後位置泉石樓閣極古雅中間雜寫桃杏芙蕖拒霜橙橘之屬一圖皆備尤為斐娓絕倫識者稱其遠師右丞遺法以成之真仙品也。唐人妙句一經名士圖寫更足千古其傑出者定當以子畏山中一夜雨樹杪百重泉為最徵仲宅近青山同謝朓門垂碧柳似陶潛次之其前則用嘉水廻青嶂合雲度綠溪陰廷美閶門柳色烟中樹茂苑鶯聲雨後新啓南春日鶯啼備竹裏仙家犬吠白雲間其後則仇英花遠重〻樹雲程叠〻山陳淳雲裏帝城雙鳳闕雨中春樹萬人家陸治川原繚繞浮雲外宮闕參差落照間文伯仁雲間樹色千花滿竹裏泉聲百道飛文嘉遠水藍遠從千澗落玉山高並兩峰寒皆其烜赫有名者也 皆平曾為事若寫壽圖布景尤異落筆精緻以較生平得意之作其天閟矣此本今在陳氏

文太史少峰圖 徵明

文太史畫卷 櫟全軒圖 嘉靖甲寅八月既望徵明製

先世遺墨 孝友餘慶 為青父老兄 宋珏 嘉靖庚申四月戊

苑文嘉寫

陳生静甫誇示文伯仁方壺圖爲顧汝修作紙本重著色全學趙千里精細之極亦復古雅尤是布景卓絶足稱無上神品昔年曾見伯仁驪山吊古圖小幅頗極許可今復閱此何啻百尺竿頭更進一步耶 畫系

德承又爲顧汝和寫硯山山房圖凡十五景計八幀 聯爲修卷畫品清真秀潤兼得壽承隸古標題休承小楷詩帖足稱三絶云

唐寅 王濟之出山圖 野望憫言圖 越城泛月圖 進禪圖 洞庭秋霽圖 梅谷圖 煉藥圖 附王穉登書名山藏序

予畏画仿宋元無不精妙而於李唐遺法尤得心印故其遇合作處往〻負出藍之目如吾家野望惘言畫卷蕭深灑落的屬第一乃拘泥家數者例以出山圖壓卷是非雖齊如此執筆感慨偬〻我思

王公拜相圖詠　門生唐寅拜寫

野望憫言畫卷　埜望憫言　令〻　唐寅

次兄仲服收得唐寅越城泛月小幅水墨天成景色寂爲深遠與余承受先世野望憫言畫卷筆趣正同品格不相上下足稱伦人之筆○越城泛月元宰公謂其有墨而無筆至野望憫言公又賞其筆法類趙大年非平時畫本可及其

持論乃復爾爾。曰：子畏畫本筆墨兼到理趣無窮當為　皇明丹青第一以較啓南遺跡雖蒼勁過之而細潤不及也陳仲醇云世人愛書畫而不求用筆用墨之妙有筆妙而墨不妙者有墨妙而筆不妙者有筆墨俱妙者有筆墨俱無者力乎巧乎神乎膽乎學乎識乎盡在此矣總之不出蕴藉中沉著痛快

唐子畏杏花仙館一幅精細之極絹本淺絳色工有詩云綠水紅橋夾杏花數間茅屋是仙家主人莫拒看花客囊有酒青錢酒不賒其參箋衡山長詞不及錄

逃禪。招隱士　祝允明書

逃禪畫卷

唐子畏雲山烟樹　雲山煙樹靄蒼蒼漁唱菱歌互短長燈火一村鷄犬靜越來溪北近橫塘　吳郡唐寅

右畫雲山烟樹紙本淺絳色樹石倣李成屋宇師巨然山頭數米芾既極秀潤又饒氣韻更無收藏滲地紙墨如新而款題復出王履吉之手名蹟也向藏王氏借閲

又見子畏水墨松坡圖全學李晞古所畫四松奇古之極王徵君百谷故物也

茂實府君潛心熏煉齋頭懸子畏小幅其上題云白袷欓冠碧玉環倒騎驢子翰廬山晉間小合藏何物九轉

芙蓉一顆丹唐寅畫此軸是子畏極筆層巒疊嶂怪松奇樹種種入神每閱未嘗不醉心也

不腆新收韓氏枯木小幀全師李成筆意清逸秀美當為子畏絶品其上題云枯木蕭疎下夕陽潺燒飛葉煮黄鱣與君且作忘形醉明日驅馳汗浣裳友生唐寅敬承宗先生葑溪草堂中作此小幅為贈 此畫近為詩君所購古人稱似尚無不讓也

相城施氏舊藏子畏水亭午翠一幀見僕纂修稗官言卷以贈上題云水亭如笠水颸寬一卷閒窗了稗官停午樹陰深合翠篆絲裊裊下清湍唐寅畫兼詩凡三十三字此圖樹石高古峯

壺山朴茂，當爲子畏遺跡第一品，惜乎絹素弊壞，不入好事家耳。即使完好，其筆法亦非俗士所能識也。

唐子畏淺絳山水一軸，清真秀潤，上題詩云：危橋渡清澗，深岫出閑雲。已息麒麟想，終成麋鹿羣。寅盛年筆也。

唐子畏梅谷圖，絹本，淺絳色，全學宋名家，精緻中饒風韻，當爲子畏神品。惜乎題詠因失去，希哲一記，徵仲一詩，詳見元美跋尾中。此卷今在姚太史孟長家。按：梅谷者，太史五世祖也。

唐子畏曉行圖在玉峯顧氏，瀟湘夜雨畫在錫山鄒氏。詩畫款識皆精，此等揮灑足稱妙絕一世，亦何必古人歟。

唐解元煉藥圖　沈宏農張儀部韵　人來種杏不虛尋彷彿廬山小徑深常向靜中參大造不因忙裏廢清吟願隨雨化三春澤未許雲閑一片心老我近來多肺疾好分紫雪掃煩襟　晋昌唐寅書

仇英　洪崖小隱圖　子虛上林圖　湖上仙山圖　諸夷職貢圖

九成宮圖　蓮溪漁隱圖　樓居圖　沙苑圖

仇英實甫其出甚微嘗執事丹青周臣異而教之遂知名于世壯歲爲崑山周六觀作子虛上林圖卷長幾五丈歷年始就所畫人物鳥獸山林臺觀旗輦軍容皆臆寫古賢名筆

斟酌而成可謂圖畫之絶境藝林之勝事也兼有文徵仲小楷相如二賦在後稱爲三絶豈過許邪後歸之嚴氏

洪崖小隱圖　仇英摹馬遠筆

仇英實甫湖工仙山圖一名洞庭春色絹本青緑大横披也按欵乃是寫壽崦西徐公者精細層累非歷月不可了山石師王維林木師李成人物師吴元瑜設色師趙伯駒資諸家之長而渾合之種種臻妙或云實甫畫祖劉松年殆擬非其倫矣○顧氏藏孫子教習女兵圖乃仇實甫画

金從曹不興兵符圖翻出後有枝指翁小楷陰符孫子十三篇書畫與文章並垂不朽足稱絶藝耳○實甫畫蹟臨摹逺勝自運余向見摹董展道經變相范長壽西域圖李思訓海天落照圖李昭道明皇游月宮圖趙伯駒浮壑暖翠圖筆意克肖不似實甫平日畫本也

仇實父諸夷職貢圖卷在姚氏絹本大著色布景甚奇或云倣閻令筆也前有許元復題署後有文徵仲彭孔嘉跋尾極稱許之云

仇十洲沙苑圖 嘉靖丙午秋日摹松雪沙苑圖 吴門仇英

評吳書画一绝　精妙能神智逸仇唐文沈劉祝王真俊峭

書畫七賢優

補遺　沈周　附文徵明　沈啟南太湖一覽卷全師董巨錢鶴灘題

云徵王黃鶴非也

沈啟南灣東草堂巨幅係盛年筆在翁有竹莊圖之上

文徵仲瓶山絹本淺絳色秀潤可喜後有黃省曾王穀祥文

彭文嘉王寵徐縉等十跋六奇點云

文徵仲菊圃圖卷畫法全出趙文敏兼前後題詠并屬同

幅尤為賞心快目

余嘗費吾錢市卷冊即肆志畫之書市值亦罕且昂積年所收如清河書畫舫鐵網珊瑚江村銷夏錄吳越所見書畫錄陸紅豆館存畫蘊黃合跋畫禪室隨筆論畫絕句等十數種因得古今煊赫有名之作是與當今作者

大異，故近來因不見古畫，輒妄施筆墨，只於此數種從不寓目，焉能辨別畫家塗徑耶。上年閒居無事，乃錄成三冊，名為畫粕，將以暇中翻閱，當畫讀也。

朱蒼狗變經霜信剪芸蘭何
阻雷門鳴尾岳穀城黃石界雨師
句漏丹砂吾得友伏櫪猶存歷塊
心懸河共哆談天口許將幽賞
弄寥寥一任功名歸九九人生甚

散那如期吳苑花前重迴首自今習氣剩三分小結吾廬繞一畝間宜策杖接䍦松飢即腰鐮刈秋逃散悶黃虞事可知採樵六五頭堪擂身謝靈均肅韻閑游

遷史公牛馬走室遠何由見玉杯

情來只合窮廬曰要圖纖素桂楔

堂領取風雲還麗誦江山勝境樂

無與竹簡閑壽能不朽驥壯猶

如日正中鵬飛須積風之厚著

男兒鬱為書淫劇我煙雲難墨守豬戀雲收直須臾聖代逃堯終得居

玉鳩歌為壽陳子有欽察作

白虹何來照象闕不作尋常玩

珮纓于闐〻玉昆吾刀雕琢鳩形大于掌恰孫仙人九節笻須因果王靈壽貴撐拄傾天會有時披尋福地能著惠八千歲月老堪扶十五連城

差足享昔有盧敖曾扶之乘

赤豹兮驂文螭飛揚跋扈汗漫

期手佩玉鳩如佩觿猿猱變化

見童嬉掊風作雨亦所為天君倦

游鳩倦飛龍樓一躍歸蜀陂杖

化葛陂龍鳩啼崑丘樹回翔抵

鵲村更與非熊遇五更祝哽布初

筵九十造朝隨鳩履帝師繇邀

鳥不聞巢居誰與接殷勤一從

鼠璞徼高價那見鷹眸好榮

勳神物悠〻委草莽野人得以
遺山長白闢應難薦十雙青鞋
耐可消幾兩懸失知當屋攬初桂
錢便起黄壚想蒲坂平陽輯
瑞新萬壑千巖胡獨往還書一

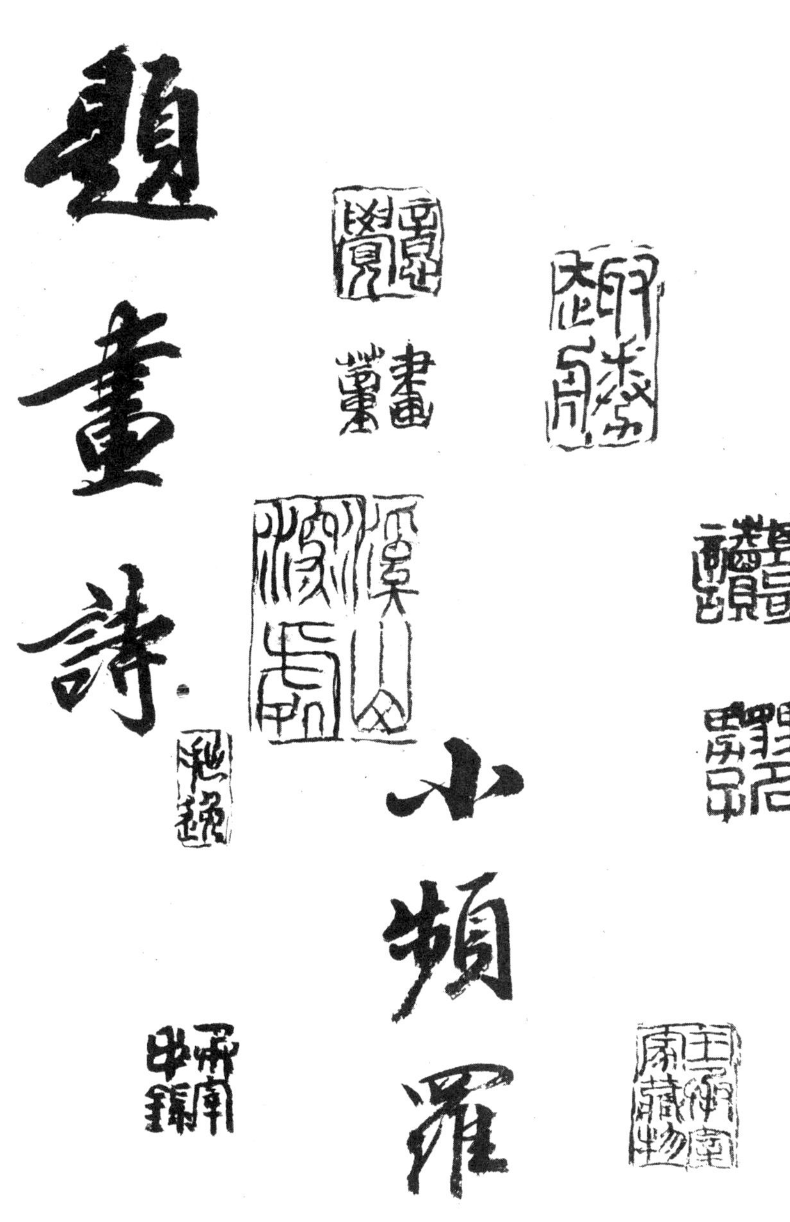

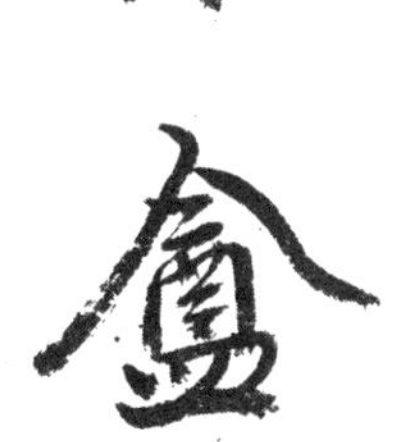

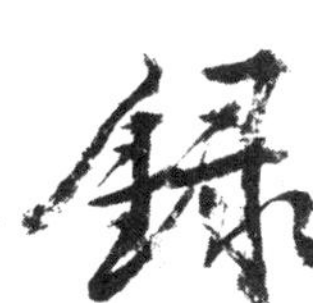

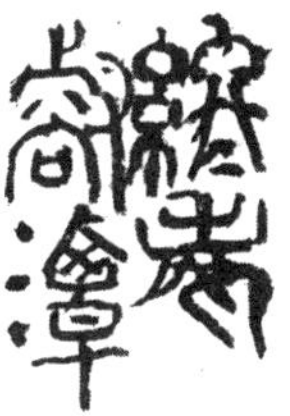

題畫詩

小頻羅盦錄

筆跡要是存蒼潤
墨法應須入有無
圖畫見天真

沈石田論畫句

山房儘遣綠筠遮地僻林深只一家莫道東風吹不到門前依舊
見桃花
蘆花瑟瑟水悠悠猶識江南舊客愁正是西風晚來急寒數
聲寒雁下汀洲
還還巖根幾樹松風迴響應上方鐘山僧不管門前事一
任閒雲過別峰
沙堤烟樹滿溪灣一幛南[illegible]司漱山樓上小樓堪極目帆
檣無數泊江潭 云凡句
誰識山家長夏清疏林細雨篆烟輕書堂深閉無人語

只有揮麈落紙聲
收拾雲烟畫裏間平泉幽石竹林間千峯萬壑胸中起下
筆依然遠溪山
若耶溪上曉光新喚隔尋芳覓人唯有西施浣紗來風
時自送春萍
山雲一片歸煙流黃葉紛飛入暮秋君家情人橋上立夕陽
影裏望晴年
與到雲林論墨妙半憩疎影竹風涼鷗向漁浦蘆花外
著我臨溪舊草堂

翠竹蒼松戶半開苦吟一任鳥聲催叫籬邊小犬休頻吠不
是知音不肯來
一山如笏到窗來長夏松窗四面開窗裏書生胸外樹出山
爭是棟梁材
夏山如滴日初晴亂樹荒藤繞舍生中有蕭然秋意味一
般詩思聽無聲
水淨沙明落照寒風林霜徑葉衰亂板橋斜渡數回首如
此溪山畫亦難
向陽茆屋歲寒盟詩思年來徹骨清携手不嫌風力勁要

從雪後聽松聲
迴環曲水抱幽亭無數烟嵐列畫屏昨夜蕭蕭秋雨急隔
窗洗出一峯青
料峭西風欲釀霜幾株烏桕已先黄空山何處聞樵唱惟
有孤松撐夕陽
遠山一角染青蒼臨水之間舊草堂閒讀道書門未啓不
知煙上柳絲長
碧嶂丹崖不可攀蒼松爭與白雲齊此間幽絶和誰說除
是書隱與石谿

茅亭秋靜碧波涼得　尋詩向夕陽一步一吟吟未穩詩人應有九迴腸

雲門宗派屬誰家石法虞山寫斷麻今日畫禪垂欲盡與君何處問煙霞

數椽小閣枕溪灣嘉樹扶疏左右環曲折飛泉初畧道半空又被白雲閑

一片雲光欲溼曾危橋出澗寄支節松聲環環流泉底疑到華陽第幾峯

長江秋色渺無邊鴻雁來時水拍天七十二灣明月裏荻

蘆楓葉霞漁船

李君實作一舟名寫樹舫　後即放舟于沙嘴灣曲偃仰以盡其變態另詩云

一從濃筆倚烟蘿雨態雲容玩已多我欲定江寫霜樹西風吹須為掃浮柝　清逸可誦因仿其意作此

曾記匡廬看水簾飛流百道挂峯巔呼童莫試停江舞不識人間第幾泉

素樹扶疏石右環四圍青峰剛削瀾此間合是雲林閣誰至寫人世佳處

楓葉飄紅點石苔，隔林烟靄隱崔嵬。山泉雨影不知處，吹也白雲天上來。

雲泉圖

瀑影飛來界石室，亂山秋樹半流丹。南墟漸漸鳴泉出，好掛蒲團對面看。

何處青山何處雲，記從蜀棧醉偕君。一行帽影秋林杪，空雜西風出雁羣。

寄語船人好得知，落帆休早上佳遲。青山一抹斜陽暗，江岸漁烟欲上時。

牡丹

淺紫深紅露未乾，徐熙粉本見猶難。況為百寶闌前

種黎乃人間冷眼處

碧天無際暮雲流雁影微茫下遠洲秋水一方人不見湘烟暮雨滿孤舟

飄盡江頭蘆荻踪隔林黄葉幾人家曲他庾信能蕭瑟社酒雞豚樂未休

瘦石枯松寫暮秋清溪一道帶雲流綸竿縱且無心得莫怪游魚不上鈎

古樹參天日閉關巖光翠影水雲間小橋寂寂無人跡應是鹿門山外山

蒹葭江上影蒼蒼釣艇歸來半夕陽穩坐船頭無一事蕭
聲吹徹海天涼
布帆西去趁風潮四點雲頭蓋晚雷寄語舟師牢把舵前
灘雨過急流來
雲影山光一逕斜崖飛雨到便仙家升羅茅舍雞聲外滿
地無人松子花
落落依孤石亭亭矗青雲煙雲窅自碧鱗甲老能紅盤拏
真吁咂支離強踊翁有時隨澗瀑灑作一天風　松
松矜晚節竹能負雪後梅花韻更清蘭　都成塵外品殷

共結歲寒盟大夫不受秦時爵君子欣占衛水名家是孤山
貧窶士聯來同氣醒鳴鶯
松菊梅三友圖 雪蓑老人詩
曲徑深深帶日斜蒼苔小院竹難遮芭蕉葉得閒携杖也扣
柴扉問菊花
霜微烟裏起眠鷗滬帶寒山不帶秋野渡無人新漲滿綠
楊橋只自橫舟
東風含笑下閒庭翠柳蒼苔共檻來只少一溪魚一洞不然
疑是武陵人
誦芬室 觀樵事詩
青山一角夕陽斜隔斷喧囂境不凡有客出尋閒眺去。

桃花春水送輕帆

千畝琅玕个个風萬萬直節並蘭叢十年歸夢瀟湘路

只在瀟湘烟雨中

竹

亂雲疊石竇

歸霧斷山腰

野人林壑自清幽雨後坡塘水亂流偶向橫窗看山色鏡中無

數夕陽秋

寒鴉數點著疎枝又是清芬欲吐時花不負人春信早負它鎮日東風詩

垂堤柳色映汀洲綠雲陰陰隱畫樓日暮歸來雙燕子一簾細雨話春愁

萬壑千峯自一村飛禽獨鷺水潺湲寒來山翠南屏雨衣上

蒼寒雨到門

綠柳曳風寒未收山溪雨時寒來無數多聽闌與聯詩秋山過雨峯

數點野花帶烟白似浮山亭渡上無古木落秋風一路雲林景依稀

平田白水自逶迤看日照那人未知山色千重萬重雨小憩

閒看夕陽遲

似雪中青山疊疊白雲封楊柳蹤跡葉臨風竟日無人事少物

但聞遠寺一聲鐘

蒼叟松桂女蘿積積怪石蘚痕多類秉子難誇三友識酣

風生葉解波

撥疑是碰

風生飛龍

春水遠於天奉山淡而治世所覓覓際會同問漁者 山翠淡還濃岩

黔泉頂上去飛龍雪豈紫行羣峯重記去仙源處瀑布

岩撥樓觀只隔一層雲仙凡已頓判 小舫生黃河蘆

杖藜行遍萬株松

叢一抹青平時烟收楊樹 立鴨游亭 柱古渴深塹

夕陽無水樹含烟野渡停橈聊繫船風浪不去漆

凋綠通墨池商同石田叟追步梅沙彌 楓葉如人醉

閒心靜對白鷗眠

並書記同游夢詩騷背上吟編萬山秋 疏樹夾林篁

高林叢蘆水深深雲氣山光蕩漾中渡斜陽橫雁字秋

幽閒自詩書若筆不在多可以見胸次

新涼月可情叢碧君秋毫

懷詩思兩無窮

果好景入篇映再足吾家畫

一親苔雲水痕寬謀羅農桑感早寒不信歸鈍垂廿載

青山猶屬使君看　林木蓊鬱山石雄渾生動虛實得宜　老衲筆法

全學米雲山白石畫鴻濛　善庵白

隔岸山開映秋閑塵之鐘聲度水來遙指石橋村樹杪

僧帽家是中台　仿陸魯望漁父詞意　江東古拙師　樹梢明遠石壁外見遠山

暝對袁孫寺烟浮暮山紫　此雨蒼茫言林杪青未遠

一鴻蒼烟隱翠微渡推來慣寫來稀溪釣林鵲飛　莊君

初晴人家縹緲樓　大海蒼殘日孤帆搖暮雲

松琴何處彈來与流泉和我外復誰聽亭邊竹千箇

霧開蕭間脉雲飛月照霞重還銖衣仙人莫入芙蓉館花

暗迷人不得歸　書石　太姥峰峋石飛來華頂峯相逢鍊師叟不許白雲

落日青山影在沙鏡湖波淨過荷花雲間樹底參差屋

借問誰家是賀家　白雲千嶂晚斜月一谿烟　深松欲盡路蹤竹不遮山

鸕鷀飛盡一洲蘋，帆帶秋雲度遠津。底事愁看君中景，那於畫送渡江人。

秋江晚渡圖

日落秋山空，風清片帆遠。

霜落蒹葭水國寒，浪花雲影上漁竿。畫成未擬將人去，茶熟香溫且自看。

行穿綠蘿徑，共愛青山間。

竹梧秋雨碧，荷芰晚波明。

飛泉鳴亂石，危磴護重關。

竹從幽處密，松自古來欹。

漁潭霧木曉風枝，葉比枝頭水作合。

龍亭上巫峯青路

斷橋歸郭路，細雨過溪人。

滴白雲如畫隱綸詩

山深不見寺，藤陰鎖僧竹。急聞疏鐘聲，白雲滿其谷。

僧汲水歸松露墮，衣綠鐘殘寺門掩，山鳥自爭窗

竹梧交映好濃陰，陰裏出軒愜素心。木榻常隨書數卷，二君來對蔽煩襟。六如題

年年送客橫塘路，細雨垂楊繫畫船。范石湖

叢石映清池，喜木溪芳妍。錢選

竹雨溪上來，松風衣畔過。中有讀易人，橫琴向山坐。

天機看靜趣靈境出無心停絃聽清籟聲不在瑤琴　樗山

檻樓面面瞰晴波山點如環望裏過三十六陂烟水闊黃梅風起鯉魚多

石磵收微雨秋生湖上山松陰坐永日心與雲俱閒　岩居老

嵐氣浮晴曉鐘聲出白雲樹深僧屋老水到寺門分

文游臺畔秦觀宅甓社湖邊華老居明月滿灘人不見露花涼歸碧天虛

欲覓黏頭路重深不可行歸來小牕下袖手看新晴

疊居秋江水石仍高楓老柳雨灘横君看畫獻雲家蒙又看中宵雨云生

破紙松煤墨濡青不妨孤賞見娉婷人間應見神仙術那趁無風劚茯苓　松

深臺待遊客老木鬚留春花發多臨水雲閒始見人

濕雲朝暮雨陰壑古今風

青林紅樹一川秋

古寺何來載酒船竹林寒翠晚蕭蕭相期禪榻聽秋雨只憶揚州鄭板橋　竹

山色無遠近看山終日行峯巒隨處改行客不知名　歐陽修

秋風過雨氣高寒，江影含蒼木葉丹。記挂片雲天上望，好山都向檻樓看。題白帆畫圖

野水參差落漲痕，疏林欹倒出霜根。扁舟一棹歸何處，家在江南黃葉邨。李營丘子瞻秋景

秋雲氣疊化晴峯，敢謂山衡潑墨濃。願乞維摩憐禪妙，林泉煮茗話南宗。

一徑松崖踏蒼壁，半塢寒雲抱泉石。山翁酒熟不出門，殘花滿地無行迹。訪隱者 郭祥正

空天一碧點秋鴻，紅樹黃蘆晚照中。記取青畔坐沙尾，遠江帆影入雲濛。

谿水清漣樹老蒼，行穿溪樹踏春陽。溪深樹密無人處，惟有幽花渡水香。王安石

一水護田將綠繞，兩山排闥送青來。

黃葉蕭蕭度野航，島痕閒送萬山蒼。不知覓句斜陽收，吹落青簾帽影涼。

山雲潭樹響陽嶺，有人家日落潭邊柳川明風動花 宋

夏峯叢雲溼科頭，吉楊蹤跡閱州書，隱甫平沙溯伯許

西風吹雨入樓臺 宋人詩 都達亭晴路策杖烟陽微雨洗青色清峰生晚寒
山泉帶雨聲逾急溪樹含風葉轉疏掃榻焚香留客久北
窗閒冷枕中書 宋詩 一壑埜雲白半藏山骨青
野堂溪曲松蹊窄竿陰不知芳渚遠但覺綠蘋際 荒原落照
斜陽半天紅色近山帶烟霧鵲雀如人作空江自來去 同
鵲與雀大小者有六七尺高全初認為大雀不辨也此詩用鵲雀相連必有來歷
雨過江邨晚斜陽對水閒月明開邊樂知有故人來
紅欄（欄）屋角晚碧更墻隅草 杜詩 墻頭過濁醪席帶長流水邑
晚色靜居豈充淹留 又 奇巖瀑泉響夜久山已寂明月淨松林千峰同一色 陸沉 唐
淡淡暗渦漁藂歌載日秋風湖綠波家是晚陣和過雨青山不及白雲多 易宋樓
疊疊重重兩岸山鋦連秀色上琅玕孤亭四壁西烟雨人與白鷗分暮寒 宋李達
亭亭畫舸繫春潭直待行人酒半酣不管烟波與風雨載將離恨過江南 陸來

余所藏所臨所見題畫

有時乘艇看山得奇趣

鍾聲飄過遠時出深林間

山水要堅厚蒼老坳瓜田重毛字以

粗擦深渠況寶也無亦恐有誤病

長橋好明月照見游人還

倚樓人醉笛聲偃

草堂宜有棋局花圃相逢謁後春

春光無主美陰晴

翰光山色竹徑在目寫此當游覽一周

日莫寒風生明月已如霜

以蘇梁鐵橋

九十春光滿溪溪一番風雨恨綿綿

石壁過雲開錦繡珠松蔭水奏笙簧

青林日蒙茸去杉生天表

雨以前生意無竹亦自好

寒山轉蒼翠秋水日潺湲

秋色有

佳興況乃池上深悠悠西丹六日識門高山

云峯倣大癡筆

野色蒼茫岑寂陰帶平生大癡未是癡我仍學乘
以館似仙家池清斜連斜山寺自鑿頻徹蔭半嵐起
玉涵玄爭發金塘水發流和逢畏於失並看來蓮舟
自曲影梅撐乙君一畫斜雨夜人物石照橫蔭其起
種舟南塘去如烟霧雜以漁浦種人家意意而招漫
幽人茶竈煙安與宿雪霓忽聯雲前思妻淞澌妄峰
梅花道人有此圖余以意為之　倣倪雲林筆意
雲間見山高木落天風動雲六不逢人夕陽浴秋鄰
怒草泉聲落寒暄梅花同

青嶂列雪曲闌堦響石淙落滌手便行又領渭川封
家去秋林黄沙際石激響聲隨飛雲啣一路寒煙上
秋色長途迢出門看雲山　玄宰　董其昌

松壑流泉　仿米虎兒　雲屏　溪山歸棹　任鵬翀　徐幼文法　瑕加

精密　戴熙　澱庵居士讀畫圖　黄丹旭　松陰論古　黄鶴山樵夏日山居　沈鳳

老樹無多野趣寬一江秋影上漁竿蓼花蘆荻花白莫遣
難入日暮看　釣竿欲拂珊瑚樹　董東山

前年未了傷春事去歲悲秋哭不休血淚灑成林葉碎至今
難寫一腔愁　因感甲申乙酉之局　丙戌秋日　項聖謨

青松滿山前白雲封古路我欲問真蹤但然託豪素 蓮心

吴山送别圖 判袂分陰小閣間殷勤杯餞古鄉關杏花好待傳來信竹葉頻交醉别顏煙外紅塵連郭樹雨餘青見隔江山登臨渺渺情無限林下應輸我半閑 登吴山賦詩奉餞秋村四兄北上 吴閶

大壑隱流轉羣峯入户登 永寧

此寫潯陽渡口一段山光也 石田黄鉞

潆洄分抱中和氣手寫山如蘊藉人 王文治為朱子穎自題

乘馬畫馬正不必橫歸大辟作九尺龍身即此徑寸神駒亦未嘗不騰騰有風雲之氣 船山張問陶

汪圻惕齋寫詩幅向益江為餅等三七冊

壬午長夏倣雲林筆 王原祁

董文敏小景 王學浩

梅道人山村過雨圖 程庭鷺

鄧尉探梅 黄鞠

幽篁瘦石 沈竹賓

華嚴向人湧泉分界石流

江城風雨影蕭疏晚生涼囊紙未埋從悲歌何慨慷溪山秋冉冉湖水玉汪汪珍重張高士題詩滿石床雲林生硬花秋雨圖　楊柳岸曉風殘月

小李將軍蜀道圖大意　子儀楊晉

曾讀右丞詩更擬右丞意積雪空山寒鐘聲出古寺　黃鶴原韵

擬雲浮絕壑密樹隱深村寂寂無車馬溪流直到門　米元暉真跡　查士標二瞻　又古柏圖又雲林一扇

幽處藏高隱江樓瞰碧川層巒鳴碎玉知是出山泉　吳墨井出

麓臺先生六門畫訣殊覺遠深畫與古人曉樵堂摹其大幅令讀者如入山陰道中應接不暇耳　一棹沿流自來去懶看洲上白雲飛

查二瞻天真瀟灑學倪高士獨得雲清集之真實懸擬一時超美于半步

紫丈人六法緒論云用筆宜蒼潤蒼而不潤則燥潤而不蒼則稚用墨須清厚清而不厚則弱厚而不清則濁此論切中要窾畹樵生平于用筆用墨之法素心講求思力追蹤古人之精此乃學紫丈人大意尚覺沉雄渾厚而筆墨俱蒼潤清渾乃爾　松陽嶸大喜　題識

叢李芸城西畔庾元次山摩崖名從人題記石少歲久荒置海翁典郡以來補錄葉之蓋真面目友晝秋清日對嶺縱觀指點神怡心曠今讀此作猶夢躋置身于晴嵐點翠之巔

春色盡現亭綠林款瘦石還閣人未來水曲雲藏逕　晴樵仿

石田翁法用墨得暈潤之妙良由息深所以達靈

門臨流水倚巖深一舸無人繫渚陰山外白雲嬾於我不知何日出為霖

海翁郡轄舊藏蓬心太守冊葉清而腴筆蒼而

潤真六法中三昧也。晞推家思用久，晨夕摹臨，深得其趣味，諒為余重

仿之，余因得而識其崖略云。崔翠嶶沈直閣翁村陸華化米山雲

廣州太守度越元流，下筆沈著雄渾，神與古會，惟推長于臨摹，深

造廉州。觀此冊，殆於居下之。嘗讀碩野漁溪村煙樹板橋孤一幀，

墨氣極酣暢，其用筆之妙，純從草書法求之，得縱逸深趣。睹此殊

覺神遊往哲。蕉窗剪燭，小飲微醺，隨意書此。江村烟雨，獨見楊

龍友一幀，筆情墨趣，與此無異，並繫小句十字云：結茅依水曲，生計

老扁舟。頗堪有深味。並觀瞎翁作此云：係橅李長蘅，去藏之龍友

同時，足以抗衡也。此梅壑散人亦以瓜疇筆意出之，頗覺生面別

閒
凝思幽崖朗詠長川此懷胎息大癡道人寫意得思
白翁之清雋重有於疇之跡蕭蒼之具渾潤處則如顧野更
貫條達變又似程穆倩原係麓臺先生供奉　内廷蘇作楊海翁
攜自都门以故贈晴兄得而捲之喜臨本並此示如來金粟禪已
同治庚　春年與晴樵藝筆來游吳门蓬窗對雨課畫談詩春夜蒼
范江楊徽緑晴樵橅黃鶴山樵春江烟樹一幀余成詩四律彼此攄寫胸
臆江山風景真絕妙書畫緣也晴樵生平作畫七千幅摹仿古人故用筆
行墨具見態度同摹十二冊贈余得朝夕摹揣閱不閱定署今保蒼筆
自覺擺脫近時畫家習氣要師乎吾儕乎
南畝課農去西郭冒雨歸　余舊往還蒼雲之間得此真趣欣然

翁峯 庚辰冬龍白寫 水碓疑有聲 空山答其響 依然在越溪 前灘後灘上 露氣橫秋宇 詩情滿眼前 有雲山更綠 不雨樹生煙

千巖競秀萬壑爭流 一片孤雲明 雁影千尋 壁立壯秋濤 自憐舉度滄浪客 半世雄心夢裡驚 易庵項聖謨 春山靜者 趙涇岐

墨雲陣陣暗滄洲 小艇全家傍細流 不肯隨波推進 柳絲綸竿借西風收 公度 兒夫渡口日當午 垂柳絲絲鳥亂啼 靜掩茅齋誰剝啄 紅衣冷落畫橋西 蓉初

寒山晴霞骨 野水帶斜暉 何處訪回首丹楓映白雲 傑閣臨秋水 烟濤欵石松 暢亭雲湧處 遙接玉華峰 西澗鈫

呼梅花庵主 乙巳四月七日友人攜示華里翁臨大癡富春一角 今日天氣晴和 偶爲之 蓉均 自鈔明月樓稿本 錢杜林印 甘林影刀錄詩 以上先時名宗

竹苞松茂如陵如岡高山仰止俾爾壽而臧　舊藏文文水畫章朕劫
火澗窯展觀覺雲樹叢花江山艷抹迥非時手所及　二月竹窗寫字餘墨臨
此不知十得幾許　飽咲烟霞無俗慮小樓高枕看青山　隔溪漁舟
人但知仿高房山之遠景而於近山水亦不用遠山點擦之法遂至遠近不分
信乎畫有畫理不可不究也用柏　乘長風破萬里浪　仿趙千里步瀛
吳興山水清遠圖此趙松雪本也　叢　秋冬景物未蕭條紅樹青山色尚
嬌一幅天然圖畫稱維摩僧寺破山橋　仿問　蒼槐翠柏偉丈夫千年萬
年老不枯　海天清曠　脩竹傍西亭新荷漾清沼抱琴客子來往
杖聽啼鳥　關山行旅圖　仿燕文貴　秋山蕭寺　六如李長蘅
杏花春雨江南　仿文五峰　松風琴韻　唐　竹嶼讀書　仿文文水　秋亭

一峯何屢儼至若金鼇背松吹列笙簧晨曦流沆瀣曳杖看雲生白
淥清淨退　古木槎枒夕照斂青蘆颯颯落潮痕眼前有景坡翁
道真是江南黄葉邨　雲暗垂重樹烟橫函面山蒼茫人獨立
意在有無間　結茆抗蹤跡深林得佳處硐戶閒無人間雲自來
去　眾卉鬥穠芳輪囷蟠太古挹此凌霜心秋容傲老圃　美竹生
夏谷新桐引朝陽枝高法比峻心靈道彌光岩岩千仞巔秉伸立
廟廊三復卷阿篇排雲鳴鳳皇　房山潑墨仿南宮霧霭烟鬟萬象
濛畫到甜極危絕更不知身在鏵艇中　古戍倚巖頭迴汀卸帆腳
如臨牛渚秋空江雲漠漠　貞取洋州法青箋三兩竿　春風吹淋景不

用報平安　明流飛雪瀑敧岸幂蒼烟傳語樵風客寧事上水船 董東山
林巒蒼翠白雲横一片谿光照眼明大笑何時來入畫中間呼我
共舟行鴻如自歸中間子余因復名巳曰大愚人而對之鴻加能不呼
我共舟棄我於画外耶一咲
遠近溪分兩渡橋山林落木雨蕭蕭竹籬茅舍江南畫譚子風流最
善描先輩有終日家居歸未得卻從畫裏看江南之句此奇想也又至
情也　半山樓閣半山雲此地如何獨讓君待我他年尋一杖水
邊林下共殷勤　小橋斜接雲亭子喬木森然兩岸山中有杖
藜扶老叟時時不去白雲灣 此老世間不可多見　流水無聲晝日靜一
間茅屋倚雲藩秋來處處皆紅樹獨有山翁看不煩　飛閣

危棧迴百尋此間紅葉更蕭森雲關烟鎖無人到待我憑闌

鎮日吟王摩詰詩中有畫畫中有詩南埜曰詩中無畫不成詩矣

畫中無詩不成畫矣然又有佳詩而畫亦不能至者又有佳畫而詩

亦不能至者請問詩畫兩家有是理否　白雲紅葉自紛紛秋水

盈溪疊浪紋那得此中分一角茆堂睡老日為羣　殿塔巑

雲空青山浮靄中幽人採巨麗終日踏春風孔子鴻如与余皆山林人

也日濃蓬俗可欲　云乎者也矣焉哉日坐茆堂一卷閒流水

聲中脩木裏過橋童子抱琴來　石橋横跨接山亭樹杪

飛泉落翠屏六一主人稿工穷空應來訪太玄經庭下秋蟲鬧鳴

夜燈無睡題此

溪山漠漠樹邊亭，潛有幽人似管寧。刻刻回頭望童子，古琴珍重奏山靈。　南樓硯眉供我山人

白雲縹緲亂山深，最喜幽居傍翠岑。茆屋幾家松栝暗，石梯五丈薜蘿侵。門前流水通南浦，郭外長橋接北林。有客抱琴何處至，祗知來此歲寒心。

獨攜雙屐自尋詩，無限秋光入杖藜。修竹紅楓秋正潤，珊瑚遙映碧玻璃。

山色蒼茫裏，泉聲翠靄中。往來有高隱，一葉逐溪風。

一雀大於人，一葉大于屋。謂神不謂理，神足理亦足。　桂生作

鶴啼屋角柳藏煙，一帶人家住水邊。正是春晴三月暮，夕陽斜繫釣魚船。　漁洋句題高蔚生畫　此子畫者也

今宵酒醒何處楊柳岸曉

風殘月 記是柳屯田詞 江南三月柳初飛水面游人換袷衣處處綠陰啼謝豹河豚
上筍初肥 踈鐘催夕照淺月送歸舟 管芷湘 秋風人渡水日落雁飛天 章逆
松風拂地雲歸谷中有幽人友麋鹿心輕豪貴若鴻毛朝飲清泉夕
餐菊 曾圖起蟄未能工松澗驚人憶破龍不道硯池涓滴水筆尖
雲氣一時濃 磷磷磵道下奔泉雲白林青過雨天意欲卜居如此地何
年辦得買山錢 舊柯葉脫一天秋水轉雲根汩汩流一片蒼寒故
園意畫餘先動客邊愁 童年一病夢天台縹緲曾經雁宕還來
作意扁舟乘興往無緣端的乏仙材 糢糊樹色帶雲痕殿閣無人
白日昏筆底發源由北苑庸工往往說旁門 高人品節自堅持水

遠林蹤便見之七百年來名不滅 畫中好是獨熏詩 塵世於今似奕棋
山林棲息豈名卑 未妨瘦畫吟詩骨 自有煙霞樂我飢 顧雪坡八冊各系一絶
前舟網 張空水後有萬人獨坐看 陵峰嶺逸岑遥瞻皆奇絶
始霽丹陽景山水閑清晨 萬事難並歡達生幸可託 晚郊涵空
青秋林轉幽媚 林壑斂暝色雲霞收夕霏 孟夏草木長繞屋樹
扶疏 竹草堂竹徑在何處落日孤烟寒渚西 横川翳拱木雲嶺復
鬱盤意欲投巖宿即此依幽蘭 目倦川塗異心念山澤居 終南
陰嶺秀積雪浮雲端 武夷疊嶂 夏日戲寫河庄所見 茂林書屋
仿唐解元 此中幽勝惟叟杖人知之 夏山過雨 溪山觀漲 荷香瀉清
襟水氣澹幽檻 新篁布清幽 新水漾微碧欲從魚蝦游憩石空塵迹

丹楓遥映白蘋洲，影入溪橋萬樹秋。啼鳥數聲山葉下，晚風吹到讀書樓。丁飛濤效宋人句題吴子遠畫

山國骨剎露絶去點黯，更不作些些子樹，殊見巖巖氣象矣。此本唐宋人法，良非凡造，畢懷游泰岱之楚麓，彷彿遇之，質諸〇〇賞音以為何如。陈曼生畫并跋

〇杏花春雨江南小幀，題後云：江雲漠漠雨霏霏，郭外人家濕翠微。網得銀魚歸去晚，亂紅低壓緑蓑衣。杏花經雨濕紅稠，料峭輕寒半似秋。燕子未來鶯語澀，有人獨憑小樓頭。鴨頭新緑漲初平，魚尾紅霞一抹輕。細雨如塵吹不斷，隔濱先見雨峯晴。龍何雨行自題米家詩話

以此松石情依彼叢巖壑，坐悠然見素心，靜對松顏悟。眉道人題松泉狷生小照

愛繞溪山此結廬苕花青長屐痕踈桐陰瑟瑟路幽寂夜靜月明
閒讀書　村流一帶碧粼粼向晚微風動白蘋隔岸烟生漁浦靜
半船明月載詩人　趙[illegible]倣大痴設色　風來村路屐雲白草堂衣　大痴題畫冊
雨洗穠陰濕岸沙寒鶯啼入野人家曉來門外看春色衣上濛濛
畫裏花　草堂南畔石橋低倚瓔紫歸來水拍隄一片夕陽斜意
柳西風多病蟬啼　沈石田題畫　小橋流水平沙春[illegible]輕舟[illegible]郎一溪半[illegible]楊
柳十里白[illegible]桃花　溪山四面環中[illegible]書齋屋日午不逢人琴書去修竹[illegible]工
煙中辨微徑斜北星草堂溪鳥啼初歇山花落點香[illegible]雪支竹杖
坐月[illegible]勝林外[illegible]三五草[illegible]童度石梁　洞雲凍雨流潺潺林葉白浩
影動奇與雙屐踏危石暮色蒼然寺一聲同錢留三十三峰意[illegible]人[illegible]

懶登高閣望青山，愧我年來學閉關。讀罷道書還獨坐，孤峯只在畫圖間 黄鶴山樵

青山與白雲，終日淡相守。山爲雲窟宅，雲爲山户牖 石年

茂林書屋仿六如居士 石年

從溪畫濕嵐，全藉墨痕濃。平生足跡半中外，胸中萬峯紛偉怪。每逢親賞不能摹，自恨當年未之畫 王夢樓

自題石濤

打槳入空明，横塘出秋嶼。人在釣魚汀，如聞漁唱語 王二癡三泖泊舟圖

翠壑紅林澗路分，荻花溪岸待鷗群。垂綸坐看前山影，遮斷青山是白雲 清湘道人溪蝶仿南田筆也

歲莫風雨無賴，作畫遣懷，畫畢覺生動，動欲躍躍紙上，並世罕知此意者，謹奉諸 左右，明即鑒。夢樓題諸齋壁，瑶黄又爲題一絶 振振云

半幅丹青萬疊山，有人山下掩柴關。蕭蕭風雨誰來訪，携笛漁舟獨倚灣

寫心放筆潑墨着紙，是山是雲，欲識米家真面，江南梅雨紛 丁丑竹垂雷題畫

紫度行吟向水濱，西風回首話三吴同年來一筆墨皆何東

吳宮溪山嬾畫人，年來生疏莫題雲山詩也。頻年點染寫雲山，不是倪黃是子甜首取
吳中山一角，秋風紅豆憶江南。王石梧題畫　冬雨倪黃掃俗氛，闌干曲處倚斜曛一川
晴色帆無葉，詛向清秋我訪君。許守恬題箑　野水無人渡，孤舟盡日橫。南宗御題倪畫作頌人家幽居
又亂山藏古寺　荒山中立一精舍字蔬云　屋密含晴嵐，曇幕封讀霜雨山居。隱幽閒情，興想
契太古中淡淡之趣　風起芙蓉秋，柳梢涼月墜。紫門白露下，應是高人臥。江石九題畫
跡林宮隱處，春岸觀息為弓。傳那人山南雲山外，向晚屋竹麻照日空高樹，綠家猶舊
其淑宮陪烟語。魚浪出枯枝，雪後無藉屋門前逢人，茶烟出隔竹。張斗南題畫　畫山
春天碧危峰拔地高，何由雲樹屋揮塵坐茅亭。丁梧生題扇山萬壑圖　前山隔山居翠紛大
樹小樹前森知何處打魚者。日暮泊船溪水濱。王子西題小幅　風和楊柳初偏眼，雨惱桃
花未放心，排栽一畫江山雨綠波，青秋共他了波閑。畫在大癡境中，詩在大癡境外，惜未二百年來
柳月出芦花，煙留沙際。說此偶於山風溪月。樓中竹楊清齋一一點了回功法無量
唐人物向一侍名士圖寫，更足千古。其傳世者寥寥，以子畏山中一探目，楊柳為最。徵仲
宅近青山同謝朓，門垂碧柳似陶潛。吹之思，有則用泉水迴青峰合，雲度綠溪陰。廷美

閶門柳色烟中遠茂苑鶯聲雨後新屑甫裊白雲峰修竹裏仙家犬吠白雲間其次仇
英花卉盡垂垂楊雲輕處處山陰厚雲蒸帝城如鳳闕丙申春楊萬之家陸培川原繚繞浮
雲外宮闕參差落照間文伯仁雲間楊元子飛滿竹裏泉七言道飛文嘉藍瑛畫屋千間
落日山高並兩字宣尚煩韻名者也非平易乃子若字書圖帝第九異荻筆椎縱筆
以縱其平陽之作真奇閑矣此本今在陳氏清和書畫舫瀟洒抱中和氣平遠山光蘊藉人
柳塘春水漫花塢夕陽遲唐嚴維荒城背流水遠雁入寒雲郎君胄青松臨古路白日滿寒山郎士元
白雲依靜渚芳草閉閒門過雨看松色隨山到水源又長江一帆遠落日五湖春又人來千嶂外
犬吠百花中又柴門兼竹靜山月與僧來錢起禁中春雨細宮樹野烟和韋應物池花春映日
窗竹夜鳴秋李白山從人面起雲傍馬頭生又指雲尋古道倚樹聽流泉又野竹分青靄飛泉挂碧
峰又細烟生水上圓月在舟中祖詠暗澗泉聲小荒岡樹影閒又澗花然暮雨潭樹滿春
雲楊萬里竹徑通幽處禪房花木深常建戶外一峰秀階前衆壑深孟浩然榜人投
岸火漁子宿潭烟又日暮杖藜林晚山空雨濕衣雲似有意相伴宿柴扉錢起
雨餘山色翠如苔楊柳寺前烟雪書間章孝標落花掃紅葉隔林知有好人來

數點寒鴉水繞郭 半日寫柳屋疎柳掩柴門 白頭終受歸來晚 自把漁舟繫板栢 寒潭隱
碧浪多幽西山脊 策杖將何之 睡泉看白石 攜杖結林看孤寺 去行問無人 國獨佳 唯與
白雲間 寫山莊 葉疑聞雨 古塔隔林不見燈 溪居 桃花逢處衆家春 楊萬烟中柳屋
結屋臨溪竹樓岸剪竹木柳長 鳴主人魚雲罕 漁屋楊小景一幅
攜琴成獨坐 道侶暫相逢 不識譚何事 秋山又暮鐘 茅屋架幽壑 瀑泉出其下 倚杖有人來
定是枕流者 昨夜燈前曾有約 不辭風雨過溪來
早來寒料峭 脉脉逗窗紗 遠浦同雲合 高空六出斜 舞風渾學絮 綴樹不成
花 雪後經陰連日 前邨酒貴賒 早來對雪簡鄰環溪之作 ○ 新晴風物麗 散步逸
招提 林雪棲初放 春聲鳥亂啼 鐘殘煙寺靜 柳拂野橋低 久坐忝真趣
閒房日已西 早春和靈齋過佛寒庵之作 ○ 北風蕭蕭天欲暮 江郊迤邐起寒霧 雨
立歷亂橫 寒來 漠漠陰雲擁江樹 江上有人獨倚樓 蒼茫野色相對愁 沙汀

漁舍隱煙際浪花波影學坡流城頭鼓角更初起兀坐高胸亂鄉思一時和雨到天明二十三原抉

點點滴滴聽不已辛卯夏仲江樓聽雨〇庭院開殘冰雪姿暗香零落到韻遲花神冷眼閒相笑東閣書來誰賦詩房櫳落盡逗春寒窓外孤標雪作圍夜半夢回風雨急惜花早起捲簾看一溪春漲沒平坡寂寞柴門少客過小立闌干數惜至兩株疎雨落花多庭前梅花盛開為風雨所妬對之悵惜感而成詩即簡吳半舫壬辰孟春并誌

〇三年不見西山路潑眼嵐光覺更青綠壓層題苔蘚沒飛來重倚石闌酣醉盤草徑穿雲樹人坐籃輿入西屏依約支公招鶴處煙蘿搖影一空亭辛卯春杪重遊支硎山之作〇憶別江南長板橋相思渾似十年漸為情癡是堤邊柳黃葉隨風帶夢飄知是江南第幾村絲絲葉葉癡愁

痕記至一椽東歸日秋雨秋風過白門○、獨倚招提闊湖山雨乍收夕嵐當戶

碧煙漲柳堤流蛙鼓喧歸夢天香攪客愁故園今夜月應照五邊樓

辛卯秋仲雨後登大悲閣晚眺之作○吳山迢遞濕雲浮料峭春寒逼敝裘幾

處林塘迷宿鷺滿天風雨送行舟煙郊吠犬驚嚴柝野水漁燈點遠洲

照昏江南時題也應草色畫平疇　癸巳夏午於種道中蓬窗聽雨作此調

○、寂寞旅舍夕陽明林壑蕭疎畫不成脩列苕岑千點瘦樹撐寒月一

鉤清思家傳夢應千里覓句排愁又五更罷了梅花歸去也滿裝春色

片帆輕冬日郵舍書事○花宮暑氣未全收已落高梧一葉秋脩逞妙來

僧入室以簾橫素影月當樓隔煙螢焰依林小鳴露蟬聲動客愁直似維摩

方丈裏佛鐙禪榻病還留　立秋日宿竹林精舍　秋殘禮步過西林紅葉

黄花一徑深詩思到來應更遠柴門儘收面寒岑溪山一帶繞郊斜疎柳千
條掛淺沙幾個漁舟風浪裏數聲長笛弄梅花秋杪過西林村舍作 〇七 吳山迢
遞混雲斜獨棹扁舟出水涯今夜湖塘風雪裡寒鐙清夢伴梅花 奚囊傾盡
不知貧且買羅浮一片春移向閒亭庭和月種夜窗疎影好依人 癸巳嘉平戴梅
過吳門之作 醇士
萬卷書岩 圖藏歷代四銅鼓齋胡公壽仿之 吾鄉張温和公嘗遊桂林二十四岩
洞過佳山水必偕其友顏君朗如作畫此巖更為奇峭 公壽又記 朝披夢澤雲
笠青茫 青蓮句 空山建子月獨樹老夫家 杜工部句 冰閣聯吟圖
秋林葉脱溪烟橫茅屋脩筠冷世情却喜此中人不到板橋流水一泓
清 主雪仿倪

謖謖寒濤嶺上松風吔聽得有疎鐘山僧不管門前事一任閒雲過別峰 巨然古寺圖
王石谷漁隱圖 溪樓買醉仿楊西亭 匡廬飛瀑 雲壑飛泉 潮平兩岸闊風正
一帆懸 樹黑深藏雨山青半出雲 生計野人足浮名達者輕溪山往來慣鷗鳥不
相驚 蓬心太守柳汀閒讀 谿流淙淙帶斜汀樹色山光綠未明最好西風晚來急布
帆無恙送歸程 江山曉霽 古樹經霜淨寒鴉棲處歸山人靜無事托卷送斜曛
昔李竹懶見沈石田真跡章法簡潔筆力沉厚有渴驥怒猊之勢真本去余日遠惟
留一種蕭森秀潤之氣懸眉睫間握筆發豁臨顏憫然 翠疊春山又幾重綠陰深處
萬千峯松薰風更帶微寒意吹得詩翁策短節 無邊玉屑盡紛霏瘦骨些些任
去揮布就三千銀世界迷程野鳥倦猶飛 時 寒蔭亦清華小蓬山還作 富地僻
寂無人跡至呼童沽酒陽谿賒 雲中山頂常有雨意 蘆江釣艇 柳溪高士圖
松壑隱居圖 擬李晞古松壑鳴琴 寒山積雪 竹趣圖放陸 跋巨然風雨歸舟圖

溪山煙雨　山下春江一鏡開　江迴小轉陽蓬萊　舟行彷彿聞雞犬　時有梅花出峽來

綠螘新醅酒　紅泥小火爐　晚來天欲雪　能飲一杯無　梧桐庭院　蜀山行旅圖

歸身蓬蓽廬　樂道以忘飢　江南春　山家除夕無他事　插了梅花便過年

傅獻生以大竹法畫小竹　含煙帶雨　自是妙品　醉泉圖　文待詔墨法出於梅道人神韻中自有一種靈秀之氣　王叔明畫以篆隸奇字之法為之　學者不易擬此　自愧

梅花園古寺　山色笑詩人　郭河陽寒林畫樹法極佳　余用趙凡夫草篆法擬之　未知合轍否　人家多在竹籬中　楊柳絲絲尚帶風　記得下菰山下路　白雲依舊兩三峯

名花共愛色傾城墨暈偏饒物外情艷更無雙香第一碧
干倚玉蟾明　墨牡丹

狂生栩〻夢君何採遍花心上薜蘿好借丹青誇玉色漢
宮曾喚得金多　吳漁山詠黃蝶詩

滿樹如嬌爛熳紅萬枝丹彩灼春融何當結作千年實
將示人間造化工　碧桃

碧烟芳艸吟青綫千古相思怨未勝今日癡魂太無賴一枝
花工一筆憑　細出滕王畫裏身雲星金翠了前因莫友佃
工紅冠袖愁殺西家帶〻人　蝶二首

水殿點毫筆集雄姑射仙人雲外來何前輩挨俗褻淡芳
宜庭列在瑤臺
粲粲仙姿淡淡擬風吹墨點暗香飄簡中亦有羅浮夢何必騎
驢到野橋
陽道梅便帶雪芳墨池一洗見新妝若教醉倒林和靖
溪向枝頭嗅冷香　題梅四之三
離離九畹晴香來讀罷玄經手自栽莫倚謝家庭内物
不知移種在蓬萊　題蘭
綠蛙歌有舞不休楚庭猶記舊風流再逢花裏烏騅曲

腸斷秋江萬古愁　虞美人

百種沉香亭畔枝錦嫣紅醉午風遲那期傾國夫人淚掃春山八字眉　墨牡丹

秋色雲亭媚眼紅嫣然裊葉鶴疊疊盡憐家女能傾國情徐娘尚有情裊露丹楓聊借潤拒霜黃菊肯同盟春爭王不道塗抹短夢長懷恨已生　老少年

秋畦菜把君常笑安肅黃芽味最長貴重不教車上載一番繭紙裹新霜　菜

豆棚老圃故鄉秋絡緯初寒叫正休豪點寫生茶籠冷算緣

紡女更無傳　五

一燈高照斗帳紗　芙蓉不畫畫梅花　東去昨夜遊仙夢江遇渡萼綠花　居笑鄉先生題梅花帳額

雪壓衡茅日倦開　地爐無火送陶杯　不知門外春來未　自起呼童向野梅

竹外踈踈三兩枝　曉風殘月總相宜　風神家是羅浮處士孤山夢裡時　墨梅

紅洗胭脂更點黃　深勻濃淡向斜陽　漢宮羅綺添新樣　浪說蓮花似六郎　蘇根款款素秋天　情似闌干醉倚眠殘

作白頭吟未也風流還復似當年　老少年二首　七寶裝成雜著手下
以雜箋分贈秋花　花相見總低頭　牡丹
度石蒼苔照染真東風秋穿自冬春扁舟縱使他年過
也是孤山負約人　墨梅　映雪花氣清潤雪花力重同居草木中先受東皇
寵梅濡墨塵唐覺春光到寫影幸九月家真梅
王香空谷少人夸九畹春會雨露姿一卷離騷琴一番光
風長廿墨淋漓　墨蘭　一枕香山移未成作田白雲深處自個個梅花冷落會
又向只有月明夜尋梅
獨占東風第一枝丹心惟有此君知幽禽不用猜桃杏正是冰
霜遠骨時　梅　小　李樹著霜紅藉藉飛見如雪白飛飛不知
此詩題山水　畫去復春田醫葉心已灰之言
人在秋山裏也似春寒上翠微
祇贈白崔護再來　碧桃
莫學新妝入漢宮春風多變易枝空遺情尚懷從前裏

忽見偏憐窮路中澹月朧雲夜弟樹叢山流水只孤叢夢

回一笑仙人遠碧海青山後斷鴻　梅花

寫到此花離別意更

笛裏寒梢蕊自開幾年風雨不生苔山隱庵水禪福空

無心緒胭脂　芍藥

扇喜無氣觸鼻來　桃

一陣東風一陣寒芭蕉葉底兩闌干只消翁御

桃熟過後春光到　牡丹　牡丹桃

獨留錢面傲霜枝遲秋蝶來尋莫自疑之須信陶翁醉歸

從西風屋上隔東籬　墨菊

群芳各占一時新獨有花月之季橋老枇杷實春

菊長看花終似三間　桃枝月季

春風拂檻花如綺豔舞山香宿夜底夢回雅迎綵雲飛

家近羅浮那插梅去清絕幾枝雪羽唳殘月照未了枝

一捻殘紅收不起君不見洛陽園中春已深深壓黃莖

皆已矣為君且參一指禪不惜羞支子數洗請君為

君謝管城子

指畫牡丹

酒酣潑墨與淋漓，點染秋花一兩枝。最憶兩家三徑裏，露濃煙淡月涼時。

菊

愛看西風壓古寒，任他拉雜竹籬傍。昔人莫漫誇顏色，畢竟黃香全此黃。

淨洗鉛華見素心，晚香寒浸墨池深。秋懷自入西窗夢，不是扶節冒雪尋。

墨菊

吐納清風不染煙，一生常結此君緣。共騰芝角何須種，筆到多成小渭川。

竹

凝脂洗出玉盤湯，料得豐肌汗亦香。應為不寒人避暑，冰清還也似紅牆。

一樹梨花雨未乾，便無風亦為楚宮環肥

羞瘦怯怯論秋之，横陳嚼蠟看。　右宣懷題楊杞堂圖

桃花宜兮竹無花，露中君子莫浴嗟。竹有花兮桃無實，薄命美人兮嘆息。　春竹桃　吴松崖詩

右溥春光與子卿，美人相對足稱情。梅花别有風流福，假我纖纖玉手擎。　美人執扇梅

裁出齊紈月樣圓，清風兩袖自天然。儂不似郎情薄倖，使秋來不復捐。　拂扇

綠窗居士老耐君思，瘦骨珊珊弱不支。側注秋波癡欲絶，卷中知有美人詩。　讀書

胸藏琥珀口吐珠璣，横行無礙得稱

兩妃　盈形　原田畫題

纖手托腮繫所思　春愁難遣意俱遲　傳情祗在凝情處　無限相思默語時　托腮

筱以籬尖吹生客　曝背老翁調幼孫　貴不貴留子讀老翁戴竹自人看

狂墨圖成外世姿　未無所藉徒無師　莫將鐵骨冰心意　誤作尋常女字枝　梅

素影不分照月邊　春風猶占曉頭青梢

晚閑風露中　一笑乃如此　含羞斂花房　三日新婦子　牽牛

但坐看羅敷敷寒非凡天姿已絕人更曳淺黃衫　秋葵

夜月迷瓊島　春風閉宮掖　宮宜供奉去　相扶去昭陽　牡丹玉蘭

蒼烟漠漠松篁徑　笑點瑤華破素空　月明老鶴飛上天　美人下山

踏花歸　曉露洗東風冷　香霧濕衣　君不知心含幽怨立許久

蛾綠迷江湄　詠七節蘭花

獨抱幽貞亦春來滿谷香美人隔秋水明月在瀟湘　蘭花　詠倚

午風吹一谷幽蕊見時開蝴蝶不求引誰解看花來　蘭花　空谷幽香

靜女獨情愛與花俱絕代置花懷袖間芳性自千載

素娟萬綠叢　庭前紅似見月季一枝花不隨時物變專惟索風雅

還能開霽雪明月家多情和語更相憶　月季

處為幽花香出為王者瑞不同百草歸秋風細成楓　蘭　蘭為王者香不以無人而不芳

維木芍藥脈傳實兮魏姚人臣稱名亦芳富貴可欺王不可似兮

雅兆幽蘭亦王者芳　牡丹　春圃開來千種貌濃姿壓倒一林花　前

有夏棄芳通譜秋英不甘淡漠六月而榮終南捷徑亦歸隱名陶公

時熱夫豈人情 六月菊

一寸九節遇仙靈 蒲石

野塘竹上雨還滴石上苔 竹石

海岛宗開浮邱書寫崇 紫竹月三更一點風不風 佳趣

鄭崇若是渺橫行漁涯如何忘醜怙縹緲上善之底

蟹

旌照滿清流蕭蕭一筆秋霜鬢毛不厭章句語 鹽州

竹增

幾枝疏柳尚依依海國風高燕子低多少畫樓人未起隔杯

窗誰見爾銜泥 柳燕 碧葡萄榮實實琳離言

王秋言題所畫詩

春浩潤逸風神自佳

塞上葡萄縣馬乳山嶺南蕉子栽龍牙何日兩地能攜取萬

里邊巡海上艘 龍牙蕉子出粵東味甚甜自有大福船往來便捷

果品之佳者維李可致 蕉子葡萄

薤鹽滋味久而不厭薑桂之性老而彌

辣 韮白菜 拌之 荇藻互横斜金鱗時隱現一角丹砂泉別有隔闕藏 金魚 拚

參差玉珮排空出爛熳疑鏤擁醉看 玉蘭 初生碧玉丸猶小

漸熟黃金彈更圓 枇杷 蒔花 溽暑炎威日蓮房雪藕時 蓮房 藕

不須千萬朵一柄足春風 牡丹 北風吹倒人老林化為鐵一點天下春

萬里江南雪 梅竹 紫蒂懸珠纍纍垂綠雲帳貯以碧玉缸和〻萄

葉醬面 以蘿蔔茄 白藕洗春泥涼〻嚼脆梨不須芙翠葉更作雍頭蘿 芋

蘿菔 梵宮留得神仙果未許凡人入口嘗 桃子 菱 楊子雀宵 八州

只恐春歸少頗免故教月〻吐鵑紅 月季 綏我眉壽 柏梅 依馬四孃来

催護重來感徐妃半面粧 桃 空山夜靜聞瑤笙 松月 枝頭小玉綴纖〻

靜覓幽香細〻添定有愛涼人不寐一庭風露捲晶簾 茉莉蘭朵

山齋清絶似僧寮供養秋花曲几高彫斷白衣人不至一甌未若讀離騷 菊茶壺

白雲堆裏一枝春 梅雲

翠竹風搖閒戛玉芝紫凝露滴瓊漿 芝竹

僊姿雖垢靈石享壽 水仙石 石齋沈榮

晴分瑶圃雪曉漏青天虹熷尔發幽賞寒蟲生袖中 老少年黃菊

秋香雖瘦閑不為春寒歌入夜更分明不知都是月 梅

花氣尚餘朝露濕蝶情已趁曉風醒起來猶是籬邊夢翻覺南山醉裏來 墨菊竹 項易菴

茶花久不作北山友人空欲留一枝粉本華下茫然當及花時重補此意大葉松亦舊本致精今得形似耳 山茶羅漢松

姚家園内春如錦倚遍東風愛淡粧昔徐熙之子以丹彩作花不用落墨為之沒骨圖寫生當以此為極 牡丹

此花色太嬌艷蕊綴理枝繁俯仰向背多態

其莖不宜曲其葉絕無致故非平易以靜氣求之則得之 紫羅蘭

花之清雅者秀無過白海棠一種然培蒔甚難存書堂主人嘗為鍾愛凡所手植靡不得其性因為寫似未知於此花神韻何如也 白海棠

菊以黃為尚而紫次之故月令獨稱黃華亦猶牡丹之有姚黃也 菊

此花即大紅袍也辛卯秋偶過研六齋中案上見此卉色艷嬌好向背有態因調絳碧戲留其影 大紅袍

吉祥拚畜 念敬齋主人移植此卉碧姬案頭當乃秋月放華紫艷有態因用東園方沒骨法為花留照

風影過長竿花房玉露專美人倚竹裏翠袖倚天寒 薔薇

唐解元嘗畫芍藥名曰盤中舞其蹁躚之態有非穎墨可肖者茲仿其意 芍藥

天中麗景蒲葉翠堪把沃丹含露閒艾花有交好

紅照手中杯　蜀葵

綽約豔瑰雞倩女風流新寘現文君曾見白雲溪外史作梨花畫得臨風迎露之致余雅愛其筆法善其運筆之嫵媚幾推其意　梨花

越女醉龍堂紅綃舞袖來霞光河裏起天時坐扶桑　曾見南田有木桃本白花其意

辛卯初秋友人招飲品花適上洋有以棣花一種見貽愛其超然塵壒之外迥非耳目間物因仿南田法為花留影　棣花

華中之雅似者寫花易寫華難如此種又雅之雅也

此即娑羅花也天台山志云娑羅花一名鶴翎出華頂峯五月間花人移植之不活按蜀都賦雅州瓦屋山產娑羅花有五色照映山谷與此相類予壽未見此花於從南田集中仿佛其意恐未能肖花之真面目也　娑羅花

溫日觀南田作水墨葡萄題句　雪滴亦碎珠脫圖象多年求不得

詩極清新畫法靈然且逆致余以設色擬之未能似也葡萄寫生逆
象爲之者難以設色元郭元芳云參之用墨諸法始能臻妙亦蘇雜王丘
含情脉脉情無言洗盡鉛華素質存簾捲夜精方夢睡燭搖紅
影易消魂風翻砌下嬌無力月照堦前淚埽痕莫以經秋怨遲暮
黃花閑伴竹籬根南田云海棠作花難葉爲尤難若大葉更難之難然
不師造化不見其妙亦不知其難也白秋海棠獨立風塵外先生瀟灑人
清標思尚友圖畫見天真畫歲寒圖者多矣以瀟灑出之別有天趣
求取情狀離絕遠去可爲知者道也擬天竺臘梅球庚十二冊
出水香自存臨風影弗亂荷紅杏春旗深巷酒江南春雨畫樓人杏花

閑種半畦蔬芳葉紛滿目天意荅小勤盤飧遂余欲　蘿菔白菜

未許穿花蛺蝶飛仙人新剪絳雲衣人間貽果能長滿那使金門曼倩飢　覽果　研山

小闌風韻午窗晴簾捲東風點筆新艷擬湘筠沉醉後卧花陰裏夢殘生　芍藥

開到鵑花殿衆芳不如歸去費商量自當箋奏留春住花圃稱臣論綠章　杜鵑

灼灼復猗猗合為連枝理我欲問之子此君宜不宜　夾竹桃

年時買醉極清狂時陌採花一騎忙約略前村紅影裏酒家門巷未全忘　杏燕　子祥

為驚風露感秋聲可是游仙夢未成蟬蛻自黃蟬子綠一枝紅葉畫三生　蟬蛻蟬紅葉

千載白衣酒一生青女霜　菊

狀雪花氣清潤雪花氣重重同　張船山

居草木中先受東皇寵 梅 藥闌借得春陰護為待東君十日程 罌粟
冰雪為神玉為骨山礬是弟梅是兄 水仙 除卻東風開謝劫人間
原不異仙鄉 碧桃 玉鏡臺前人未醉金花影工曲三章拈毫羅譜
清平調已讓青蓮獨擅場 牡丹 孤亭傍水杏花鮮春自和晴
颺柳綿只有山禽啼不歇坐看日影到窗前 忘庵杏花柳雀中幅長三尺二三寸闊一尺
二三寸 百尺龍鱗勢壓蟠濤聲六月夜生寒塵囂到此渾忘卻一片清
涼旅思寬 華跛仙松 烟霞骨格山林性一種幽貞獨自芳 管蘭 月明滿
地看梅影露下隔溪聞鶴聲 改琦人物作看梅影二人抱琴二童子 不須憑寄問如何濃
亦無聊淡不多茲道幽芳堪鑒賞比來真谷呂誰遇 我自濡毫

寫楚騷如何人與作蘭枝風晴雨露君看徧一筆何曾似畫師

逢場爭說所南翁向後人文半已空不是故將花葉減怕多筆墨惱春風 薛一瓢題蘭

含煙泣露小樓東脈脈無言媚晚風好似沉香亭畔醉闌干十二倚嬌紅 海棠

梅花樹下每佳期攜柴踰摩穹折枝却憶去年花放日無人看到日斜時 王夢樓自題寫梅

君家種菊已成圃每到秋來香滿軒寫把一枝君子裏贈君看畫憶鄉園 夢樓題畫菊

空山冥見古時月畫樹須先天下春 二樹畫梅款句也 又一絕云寫梅只合歸梅癡長為梅花過六時祇得甲申元日集三千三百十三詩

九月風高滄露華潭塘紫蠏家堪誇籬頭況又秋菊艷好學窮愁對此花 姜補如自寫題風菊

牡丹非俗艷淡紫胭脂澹墨描鈎出由他不入時 宛仙女士

閒窗興筆韻秋妍觀北新涼已滿盆無憶去年黃中鬧時猶涼月以雜道 畫菊花

畫之山水說刻好

閑載酒甕當將宜易飛花逐水流打得一枝春在手庭前風雨不須愁 折枝桃花

琴尾杯深酒未銷紅燭影裏寫生綃二分明月清如許不數揚州廿四橋 芍藥

數點寒鴉水繞邨幾行疏柳家節居掩柴門白頭漁叟悄無事晚日把漁舟系 寫摹丹

樹根 寒濤漲碧浪夕照留山脊策杖欲何之聽空數白日 攜杖秋

林春孤亭水竹間無人成獨往唯與白雲閒 寶山蔭葉遮閑雨古塔疏

林忽見燈 疏林燈 萬紫千紅不寄看只合謹子詩佳境怪得筆下

偶之竹間與幽人閑嵌寶 紫藤竹 晴園紅粉落春烟彷彿江村六月

天記得諸春四首之一枝斜掛江樓前 景寫春居

荷花荷葉墨汁塗雨大不知香有無頻年弄筆作狡獪買櫂日日眠

菰蘆青藤白陽呼不起誰真好手誰野狐丹公持去掛粉壁谿堂晚

色同模糊 此吳昌石題荷花詩余是日見之 沈伯雲之乞題句有感因作詩并以繪之扇贻之 有云

芭蕉葉大蝦蟆啼聒耳閣閣池東西公私胡鬧今朕朕請君只當聽鼓鼙

此詩或乃以墨寫芭蕉與蛙一

上布蕉花伯雲以為得昌石并絕

之品

丞宰手錄

壬辰廣杏花柳雀一幀 長三尺二三寸闊一尺二三寸

孤亭倚水杏花鮮春風雨

初晴飛柳綿只有山禽啼不歇坐看日影到窗前

此幀陳仰甫藏

龍山鮑楷梅冊十二開題

春回積雪層冰裏老寄寒家瘦石中 雪梅

玉立寒煙寂寞濱

冰壺澈底照來真已推天下無雙艷獨占人間第一春

踈林

茅屋古坡前野水間雲性石邊和氣恰隨陽氣轉南枝長在

北枝先

應酬玉臺春漲水上橋面莫認武陵丟雲風殊不處

一枝渾不語于我有深情影共人俱瘦香隨夢並清晴

窗憑書几雪水烹茶　錯認此成幽賞　何須問酒觥　旋拈卿
月佛詩思肆　笑納東風伴酒觥　已枯半椿韻尤古綫有
一枝花更佳　惟留清氣滿乾坤　凍蕊碧含於豆開時韻更
清　卻物將柳汁亦染玄及英僧手　案几豔仙姿稱古君　江南
遍紅白誰似角聞情　一朵畫收天地春　雲林庵梅花　清冰寒玉
照林表　秀氣春風滿座間　揀得疏枝折得四
雅質芳心比素娥　託根休悵去他日　陪一別　滿醉人饒真姝
于今恨事夕夕　蒲著有庵先生為石菖庵自桂林山谷中以外有松皮紋者為上品　於六十年石菖竹
金吉金寫菖蒲卷石曰石女以嫁蒲郎　余謂既嫁蒲家郎　非媒不得也　余亦寫菖
石並綴梅華一枝

江陰陳氏石刻四十册全拓題跋

疎林寫古石，附以數枝篠。君子結德鄰，汪汪淡相保。　石田細竹　祝允明題

寒英灼灼異種真，百卉凋零見性芳。天意也應憐晚節，秋光端不負重陽。　郭原

峰前風信日以離披，蕭條猶見霜枝。與陶翁能領略，南山真脈任盈觴。　徵明寫菊枝

岐雲魯治作于一梧書屋　水仙茶

青城學士留帝京，飛車來謁仙人城。東岳祠前杏花發，海國春風吹絳衣。　南田為仁杏寫影，并次危左丞杏花詩

隔籬向夕分清影，纓絡垂空散紛多。細雨晴隨神女佩，微風深度綠珠囊。可堪玉指纖纖摘，

無那雲鬟淺淺粧。弱植不茲炎暑偏，幽貞蘭桂與齊芳。一生綽約無塵態，百穗繽

紛不斷香。羅袂薄涼新子夜，絶勝纖月舞霓裳。垂闌珠帳回春夢，綬佇瑤階

瑩碧琉。靜裏風光在細膩，最宜近水仙王。　寫夜來香，即書舊作二首　鐵簫惲源濬

竹石一幀　只有魏國夫人趙管朱文一印

北宋徐熙寫生多以濃墨寫之略施丹粉而意態自足蓋其骨氣在筆墨之外也 仿徐熙菊 小變其法南田

耨蓀表姪畫於通瑞堂 寫竹枝月季

月廿五六日畫同沅瀠清 眉道人

贊公墨指

溼雲秋水骨綠髮雨中
若莫道無人識馨名
主在請畫 南田怪石供

白菊洗春泥泠泠寫
脫梨不須笑畢薑
作癡頭蘆 以石菊蘭

紫蒂繫珠囊垂垂綠
雲帳欠以珊石玉和和苟
葉堅 唐解元離豆秋風 此云送之

呼我飯伊蒲
兩僧劇辯爭
安意上第二球
手摘松下蘭山
齋真供養函
者南田惲

承平西翰向丘園芳佩纍纍寄墨痕正有懷沙宋郢意至今春
草憶王孫 鄧文原 蕙花

露冷芳苞折出美人風家鳥勤引血情接琴弦鼓不成調 一片湘江只月明 周天球題 周服卿蘭

一初陽先生寫蘭余補竹枝所謂佛頭著糞耳 周之冕

康熙改元六月陳元素仿 神女溫香籠翠袖錄衣新製剪紅雲 上壽平 牡丹

陸生先生 古民蘭 仇實父 月季飛燕棕櫚

枝上霜氣清簾幻秋雲薄露葉濕金風吉山堵細花落仙人入我夢袖底樹香衣未已秋承露瓊珍招我三石梁　小山黄桂詩　南田擬枝桂

周之冕倣御樹雀

香林紫雪　霞衣纓絡春何處蕊珠初放瓊樓曙誰把青絲挂紫霄繫住風春莫春去　壬戌之春藤花下模色　南田

點香閑對花留照　南田戲寫采

疏葉翠如結萍蓋青未闌忽聞洗波聲便出從書來俯見荷數動波沫自在任何處滿春風吹亦可殺保清隱風情飽多不離下為向觀濠人誰是知樵者　游魚得自足矣　之使魚山魚模擬荷蒲叢雜　南田

江南十月春色早處處梅華當水開玉笛一聲霜不下滿天明月鶴飛來　王元章寫梅

雙芝並蒂蘭　紫花為畫　壽平

山園植蘭來淨芳獨憐搴采聞時香主人日夕吟其畔韻了幽氣叫上林信稿 白陽山人陳淳

紅紫春殘雨不芳可身佳人重陽英霜前卯登高因携取西山作醉鄉 唐寅菊

、君子林 庚申新秋在滬志書同沒骨法寫蘭花六葉歎 昔鄭所南畫蘭花七卷題云

、純是君子則余此圖之所自出不5凡8其位依然空谷見滿花如列陣君子六千人 董叢 南田

癸丑小春寫雲鵬 蘭石

雲裾月珮紫霞紳秀質亭亭似玉人要使春風常在目自和殘墨與傳神 徵明 蘭

山茶雙鉤可仿明呂廷振印 呂紀

揚白傅之艷歌演允羅之妙舞 南宋人有此圖戲效其意 南田繡球碧桃

息齋道人寫竹娟娟楚楚殊姿高平彰為正始之音仲圭變態遂失宗哭道韻 息齋晴竹

風竿雨葉粗服亂頭去此君風調遠矣 李衎仿識

竹鶴老人寫春風瑤草 石華印仿何濯

黃石秋葵 壽平 石老少年 杜林八哥

羅散天花下紫壇露揩秋袂水鳴環淩波欲接君王去又恐盤霜不耐寒

穀祥 西園 煖吹羅袖玉生春綽態臨風浴露新若非洛水雲中見疑是湘王夢裏人

陸治 陸氏叔平 水仙

雨跡洞岸綠春膩牸牛肥

華新羅 牧童騎老特牛於柳下汲隨小犁

烏斷秋氣深

秋盦 丁 瘦馬食草於古木下

8 元人用筆有飄渺逆宕世有沉着樸厚者此題畫得之未識有合否

臨惠崇大意

趙文度竹石幽居卷一角

獨樹老夫家浣花向董宗伯本

孩僮 湖上倚棹看山得此

方壺老樹雲西石竹似丹丘雪郁筆莫矣

解被點墨濃天真幽澹無人識

方方壺樹石全不似樹畧得其景象耳

畫石亦然余猶拘於形似未能盡其法度也

元大家林暮鴉

灌木入雲石深冷，此是何乾坤，有此林谷。　倣關仝長江歷覽　山樵
煙波常泛艇，石洞挂雲杪，不識此間意，何人咏採樵。　石谷跋
王荊公詩云：欲寫荒寒無善畫，賴傳悲壯有能琴。余謂荒寒自
是畫中一境，特不若秀逸得畫理之深。　雨後看簷前新燕往來
如織，偶憶雨徑春蒲燕子低，向遊寫之。　趙大年寫平遠，極一目千里
之勢。　湖上清秋夜，扁舟汎碧波，紫簫吹不斷，無奈月明何。　沈周
戴文節畫冊自題
秋殘楚分過西林，紅葉黄花一徑深，詩思到來庭更遠，柴門流水西寒岑。
濱山一帶繞郊斜，蹊柳千條拂淺沙，幾個漁舟風浪裏，數聲長笛弄
梅花。　秋杪過西林村舍作　花宮暑氣未全收，已落高梧一葉秋，欄遠物

老僧入定出簾櫳，素影月當樓。陽烟螢焰依林小，咽露蟬聲動客愁。直似維摩方丈裏，佛鐙禪榻病僧面。三秋日宿竹塢精舍

楊南湖自題竹　一徑入幽窅，綠陰如水涼。又　畫雖小道，古人往往借以為陶冶心性之具，與詩實同調也。故長於揮灑者，可資吟詠。　意愈簡而愈多，態愈老而愈媚。古木柴門　江山帆影，耕煙用筆蒼古，參潤得宋人法。　六如居士幽秀之筆，如美人梳洗，不知其所以然也。柳岸漁舟　懷人友遠，離離日對青山想顏色。桐陰清暑　仿新羅山人　童子抱琴來，亂山青相向。　春陰漠漠，畫屋沉沉，江上人家早閉門。彷彿若耶溪畔路，小橋流水曲通村。　筆墨士夫與作家相去不可以道里計，當於襟期脫略間求之。大江流日夜　秋山蕭寺　一痕旭影盪谿濱，柳色和烟綠未勻。商略扁舟添一箇，畫中容我着閒身。　寒林霽雪　擬李營邱　仿荊關今半三家　擬巨然僧　久擁蓬門客不來，晨霜滿地凍蒼苔。小齋畢竟無情緒，早早梅花一月開。　仿居梁門松

又作 小庭竹子數竿斜，時有清風到碧紗。昨夜酒醒[illegible]枕畔，蕭踪錯認蟹爬沙。

水村清秀々 寒林策杖 倣石田翁 倣鳥目山人

拂々東風颭酒旗，斜川烟柳綠參差。何人頻畫圖中趣，一葉扁舟理釣絲。戴兆春 林亭幽靜

一綠樹蔭幽居 暮烟迷遠渚 江上數峰青 帰帆渺何許

六开花卉册 畫工只擅誇人目，不染胭脂染墨香。墨牡丹 根從寶治金荷得，種向西湖曲院分。墨荷

瀉泉尋石竇，帰霧斷山腰。

[illegible]拂雲梢留落，白氣蒸山腹出深青。 秋潮夜落空江渚，曉樹離々含宿雨。伊軋中喧聞櫓聲，以聽漁父隔煙語。 飄景棲天遠，疎林落木秋。莽蒼為我冀，佳客且句留。 裂地多盤石，插天多峭崿。瀑泉吼而噴，怖石看欲落。種田燒白雲，斫漆響丹壑。行隨拾栗猿，歸對巢松鶴。右亞 四更樓鳥驚，山月遠時浸。起開東閣望，正在雲峯缺。 十里空江一物無，青簑衣雪老漁孤。酒筵正待黃魚熟，對此寒生綠葉蒲。青蘇 秋雲白，秋水空，冷欲為冰無響，穿松過有陰，當澗遶畫明生。縷々崖翠落層々，一白連天壤，遠峰似可登。

芥子園畫譜扇冊題

李營丘秋樹畫　一宿玉峯林渡寺，虚廊中夜磬聲閒。分跡林未落上方月，深澗忽生平地雲。幽鳥背泉栖靜境，遠人別竹想遺文。整來此地欠勞足，岸斷坡鄉滬海清。

陳黄子久碧谿清嶂圖　島外風煙古寺廻，岸掛圖掛夕陽來。江天物色無人管，處處野棠花自閒。

相逢何事且衷裏，澤國閒花吟吟閒。見說衡陽南去路，秋深無雁寄書來。

水亭涼氣多閒罷，晚來過澗影見蘿竹，澤香開芰荷。

擬高太史天池石壁歌意畫仿黄鶴山樵

柏木仰石　道人寫竹并枯叢，郭熙平家氣味同。大抵絶無花葉相，一團蒼老暮烟中。

寒更傳曉箭，清鏡覽衰顔。隔牖風驚竹，開門雪滿山。灑宜深巷靜，積素廣庭間。借問袁安舍，翛然尚閉關。　右丞

木落天清翠袖寒，畫山容易買山難。數株老屋秋風穩，當作詩人廣廈看。　陳白陽

閑之仙者書乎山歲月云　秘雲書屋

梅杪危巢傍宿鳥，峨頭冰凍絶游鱗。千岩萬壑皆清氣，何必山陰訪隱淪。　錫雪園稿

楊柳破綠烟裹，花氾江雨。借問鄰錫翁，中流深幾許。　柳枝

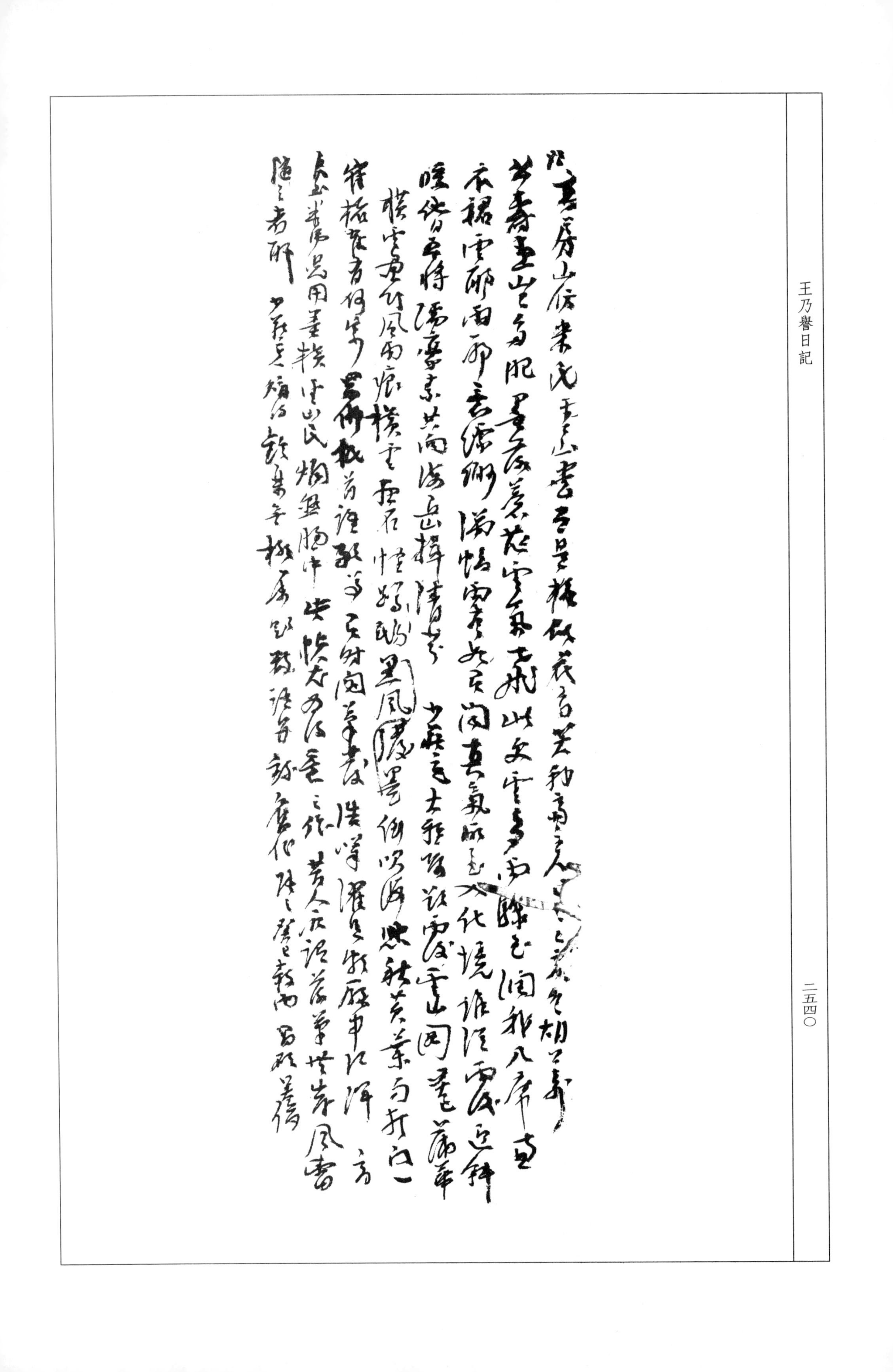

子昂自跋畫卷云：作畫貴有古意，若無古意，雖工無益。今人但知用筆纖細，傅色濃艷，便自謂能手，殊不知古意既虧，百病橫生，豈可觀也。吾所作畫，似乎簡率，然識者知其近古，故以為佳。此可為知者道，不為不知者說也。大德五年三月吾趙孟頫跋。○予自少小愛畫，得寸縑尺楮，未嘗不命筆摹寫。此圖是初傅色時所作，雖筆力未至，而粗有古意。年來裝褫成卷，自貴家乃加進，然百事勞攘，於此皆不能作一二圖，亦不可得。存之再尋再跋，坡重書以識之。孟頫

古人云畫無筆跡，如書之藏鋒。書見趙魏公自題己畫云：石如飛白木如籀，寫竹應須八法通。正所謂書畫一律也。松古齋語

○明王稚登自題畫云：遠岸疏林斜日分，事風瑟瑟葉前庭。塵光冥向屏幃生，有能得一道無。

沈石田詩：筆端要是存蕭潤，墨法應須入有無。

宋郭若虛云：畫山水惟李成、關仝、范寬，智妙入神，才高出類。三家鼎峙，百代標程。之前古并能方駕近代，難繼後塵。夫氣象蕭疏，煙林清曠，毫鋒穎脫，墨法精微

亦嘗與之製石谿、望漸，雖未必能，庶覺閑古雅，人物山閑者澹之風也，時露渾厚勢狀

渾淪，檢筆似句，合度皆倣者范氏之作也。

頗饒幢源，自題畫云：策杖青林晚，山寒雨濕衣。野雲低有意，相伴宿柴之扉。又見

而云：百年智巧消磨盡，慚愧人傳翰墨痕。

題文度左論畫云：畫山水大概務以得勢爲主，山得勢雖縈紆高下，氣脈仍貫

串；林木得勢雖參差向背不同，而各自條暢；石得勢雖奇怪而不失理，即平常亦不

爲庸。山頭得勢雖不錯而不窮究何所以其故也，而皴擦勾斫分披糾合之法即在理

勢之中。至於野橋村落、樓觀舟車、人物屋宇，全在點其形勢之安，可隱可見。

之熟習變化，以於筆爲之。謹詳玩，松石各局者，然後墨方見其味，如畫樹要挨挪，

横斜要體貼，蓋取其捲快勝便也。其種烟霞情，磚石山瀆皺疎，蒙叢之類，須不可

因意添設而已。爲煙嵐雲岫，必要照映山之前後左右，全其環套至結要，雖已斷續，

仍與山勢合一，而不浮散，則山不爲煙雲所掩矣。蘆葦水口安置點綴，須宜隨見爲半俠

作畫須接山之血脈，蹊徑新法，不用多攢理，一味填塞，是補衲也，焉能出人之意表哉？畫貴乎取勢布景者，合而觀之，是一筆呵成，諦視之，又神理湊合，乃為高手。然而取勢之法又甚活潑，未可拘拿。至收用筆用墨之高韻，又非多閱古跡及天資高邁者未易語也。

李日華君實有云：畫成未擬將人贈，茶熟香温且自看。

李士達仰槐論畫云：山水有五美：蒼也，逸也，奇也，圓也，韻也；山水亦有五惡：嫩也，板也，刻也，生也，癡也。于理深得畫理。

王思任遂東題云：孤月同庭寂，飄然思有大山萬里一枝飛來。又云：恍然但在不記何代，清時坐對人化為碧。

楚黃陳學一鶴寫荊谿庵題云：與君隔別幾經秋，夢繞余陽，樹葉蕭蕭向故人。生計在原田，茅屋傍山丘。

吳謹自詠畫云：雨餘山色翠如苔，樹杪寒煙雲未開。童仔無端掃紅葉，閑林知有將人來。

讀古論　嘗欲一覽書擬庭目覽　博古圖巽秦漢制之去九識字二三書題　以上錄去年詩文

◎余於長江上游諸郡雖有數江，惟鎮江與金陵雉堞尚約略可數千百間（里）。蘆葦湖灘，南岸多山嵐，北岸則田疇荻岸野曠平沙，水勢東下，夏高冬下，相去六七丈。沿行江之來處，不過里將束出狼山，則浩渺潤大。崇明、通州、寶山即上海吳淞入口，三角峙列，已去百里，目望無際，水天相接，然後大洋矣。至於錢塘之江，出海甯東之茶山為入疊尾閭，南挾餘姚、蕭、會，北則咸鹽甯，至江干已縮僅十里，漸狹而至富陽、桐廬，江面僅十里上下，登艇望諸郡城市，歷歷可數，非如長江者。兩岸群山清高，而七里瀧東家僅能容百斛舟於

董邦達跋 畫至元人盡之趣畫矣明代文待詔意以規摹北宋而渾穆處尚不及松雪也包山以下畫以巧勝前人已不自知漸入魔道兹幅欲摹鷗波而筆力庸弱遠媿文氏惟不敢用巧耳 又仿香光水墨一幀乾溼互用墨暈盎然題一絶云溪閣闌干映夕陽綠陰如水晚生涼清譚未已酒已醒鵲尾銅鑪起炷香

錢籜堂元昌折枝花能以拙取媚以生取致超脫矜貴饒書卷氣 自題牡丹云象形者失形守法者無法氣靜則神凝意遠則韻到識名意也

文雪樵元福可涑題畫二絶云溪月林風過竹梧不知何處仿倪迂依稀小閣閒清秘一株修螺辭有無芋大寒凝春未達凍雲落葉鎖柴關誰知天幅藍田畫早見江南雨後山

鄭在東岱自題山水云數枝老樹半無葉一個茅亭終日空惟有鷺鷥常到此飛來飛去送殘紅

程松門鳴垂虹放棹圖詩水國春寒不放晴雪鷗飛兩罷詩盟扁舟意向垂虹泊又阻吳門半日程 西溪卜居圖云小住西溪第幾曾村酒舍鷺鷥雛

扁舟他日還相訪　十頃蘆花當雪看

張瓜田庚嘗言不讀萬卷書不行萬里路不可作畫　所著畫徵錄頗參宗旨

錢籜石載其詩有言　胸中空洞無一物　筆與造化相淋漓　真有道其得者

王存素愫寫樹石冊自跋云　宋元諸大家各有樹石傳於後　初無定法　與會所觸機到　筆隨腕注之　法乃爲活法　妙處總在趣勝耳

王盤溪廷魁畫三泖漁莊圖　泖湖東去碧迢迢　矮屋垂柳舊板橋　何日扁舟同射鴨　瓜皮艇子晚回潮

陳古漁烜　吳孝侯詩　對宇坐衙皆畫裡　畫中人訪畫中還　吳孝侯云　橋頭剩眉宜和寄寫我青時看過山

崔筠谷瑤其論畫云　不得山水真境　不可浪使筆墨　古翁人語　又談又云　清[illegible]

杜宜滄岸柳扶疎夕照偏　一帶清涼渾似畫畫成竟要索君題

張月川洽云　細畫粗收拾　粗畫細收拾　此畫訣也　又云　軟毫用硬筆　硬毫用軟筆

蓋其平生喜用枯筆焦墨純羊毫者

徐雪樵縣詩自跋畫云有法歸於無法無法復歸于法乃爲大成
春香亭樹有詩云遠樹不辨葉遠水不作波精心極妙指心手合融和處
非在筆少摩豈緣畢多作畫得三昧也
孫子肅泉湘有題梅云　元章妙手不肯傳無人解畫羅浮仙偶然寫到一點筆
莊壽又增三百年　梅花形直而取曲此理世人多未推詩人獨得梅性情不畫庭梅畫野梅
王仲瞿墨爲其夫人雲門跋梅月雙清圖　追鍾王楷法于千條萬蕊中爲元章
古法之所未觀　非西溪不足實鐵夫陸求山乃能臻此絕藝
許題癡蔭堂吉甫人　嘗論畫曰與其拙而平不若巧而生　又識古蹟我詢真偽之辨
曰真有寸楮者亦半我但求其精不肯藏其真　又蘇江節以絹素十二幅索畫於余以大巫在
前勉實其半其半以書補云君書甚拙書今按其所好二……按我所經歷可謂巧藏拙矣
歐道居士題朱閒泉山鳳畫云迺知才人筆定比作家好　郭頻伽云勸君惜墨造物忌
多取
楊補凡昌緒嘗引蓮心語云畫到古人不用心處乃有佳

郎芝田際昌嘗曰：吾筆雖未至古人，惟不以媚俗，自抒性情，較今之名家或少異耳。盛學博以游録論鹿城兩家云：耕畦脫胎司農，而姿[illegible]成，撇一氣渾成；芝田雅秀蒼潤，兼司農、耕煙兩家之妙。耕畦以天分勝，而[illegible]學力足以副之；芝田以學力勝，而濟其天分之高。人咸以為允。余謂兩君山水皆屬浙宗的傳，雖面目各異，而簡雅之致則一。坡叟有句云：百年畫學誰正宗，婁東衣鉢歸玉峯。

馮樓雲箕云：繁重不若清簡，遒峭乃脫甜熟。

計小隅芬儋石醉嘗言曰：吾之為畫，豈惟不求妍媚，直自忘其筆而紙在眼几，以一傾欲吐之氣已耳。

韓古香桂嘗謂：作畫必先通書法，四體並工，然後筆有古趣。今人不解學書，徒事臨摹舊本，嘖嘖自賞，焉得勝人？於是更習楷隸，專學靈飛經。又論昔人用筆之妙，曰長而曲，斷而連，此允得畫中三昧。

趙嘯雲銖謂陳二山曰：我輩作畫須舍去能品而求逸品，方臻勝境。

# 張浦山先生畫徵錄

八大山人　所謂拙規矩于方圓，鄙精研於彩繪　八大山人朱姓　勝國之裔　國變後為僧　又有人云八大山人之款於押連綴寫似哭之笑之，哭不成哭，笑不成笑之意　山人固高僧，嘗持八大人覺經，因名號

王時敏　董宗伯深悅之，闡發其奧，一歸于正，方之禪室，可備傳燈一宗，真原嫡派

真能繼之　故凡布置設施、鉤勒斫拂、水暈墨彰，悉有根柢

[illegible]王翬為古人後出，為揄揚名公卿門，王[illegible]右之

陳洪綬　章侯曰：畫者易見好，則能事猶未周，所本至能而若無能，此難能也

項聖謨　樹　初學文衡山，後擴於宋而取韻於元　董跋云：其冊眾美畢臻，樹石屋宇

花卉人物，皆與宋人血戰　其　陳[illegible]稱其士氣，晚年筆法清矣，[illegible]而功力深也

追[illegible]精[illegible]傳力脫習氣，又[illegible]論多而成功少，[illegible]一蹴[illegible]而成[illegible]者也

魯得之　墨竹　李日華稱為翰墨中精能之[illegible]　墨竹宋人皆長，[illegible]不用細碎[illegible]

[illegible]為墨竹之大宗也

金俊明　字孝章　[illegible]晚年[illegible]寫[illegible]梅[illegible]又[illegible]一幅生綃[illegible]

意也屬江介水仙云

傅山青主　山水皴擦雲叆，崎嶇磊砢以骨勝

邵彌瓜疇　清秀古逸，閒情冷致，如其人

鄒之麟衣白　心句勒其排縱橫恣肆，胸中殊亦不欣然，殊而用筆自因動古秀（以其筆力）

周容　硃木枯石，自寫胸臆，筆勢奔逸，倣不拘之于宋法也

徐枋俟齋　高士而於筆墨

趙澄雪江　臨摹入神

程邃穆倩　歙人　山水用枯筆，寫巨然法，別有神味　又精金石篆刻

惲本初道生（又號香山）　山水學董巨二家，行筆中鋒，骨力圓勁，而用墨濃濕，縱橫淋

漓，自成一派，晚乃致筆于倪黃（著有[illegible]四卷）

龔賢半千　柴丈人　樊圻會公　高岑蔚生　鄒喆典之　吳宏遠度　葉欣榮木　胡慥石公　謝

蓀　為金陵八家，雖未境詣，又頭挑出古雲烟渲入時派，免畫餘肉府，收藏居隨，擇頗

此是習須年

顧知林畫 山水鈎斫描寫為作竹樹老渥橫逸壁石構結墨氣長厚語粗鹵非筆也

藍瑛 田叔 錢塘人 浙派自戴進始至藍瑛為極

石田謂少時前輩論畫者至宋旭 石門 藍瑛 輒依語類之 後之宗桐川句老不甚之本

自出機杼 皴擦多用黃鶴山樵法 後復變而一出自然 實為當時一代作手 不屬山可

誠謀乃學者所當急著手者也 李希古 田叔一例 掛倒前輩之論 色經矣 至今從花

說於書畫苑 雪竟也

楊芝 佳人花鳥 外董旭 俱長人物仙佛鬼判 筆力雄健 長於鶴

王士 子壬 士肖墨竹寫其風崖 學者所當宗法也

顧樵 樵民 芸楠 阮亭句為圖 柔秀宋稿同

周煒 金西元 張穀 號鐵橋 善馬

查士標 何文煌 二瞻 南學倪高士 法秦以梅華道人 董文敏 用筆不多 惜墨如金 風神

懶散 氣韻蕭容 逸品也 與石谷南山家之潑墨作 雲林黃西古 雖仲圭 四家筆法 並與一兩家不能

也 晚年技益超逸 直欲越元人之奧 文煌 號竹坡 者筆超也 然及師矣

戴思望 懷古休寧人 畫宗元人峰巒林壑清疏瀟灑秀逸有簡寂之趣其品高矣 原非名蹟

如唐詩峨嵋雪霽 雨後竹屋山居 通秋林孤峰 每於山石林木間並加評語

文點 南雲山樵 衡山裔孫 高士也 山水用筆細秀 無點塵間迷離筆 以墨勝也

陸風 大風 上元人 無從已亥蝦月自謂之米筆墨中之散仙也

蕭雲從 尺木 當塗人 隸于海陽人為文詩論從月

孟永光 月心 山陰人 黑壽 滿洲高士 赫隰居士 峯法渾厚 草木華滋 迴異時流 亦豪傑士也

程正揆 青溪道人 孝感人 山水初師董華亭 得其指授 後乃自出機軸 為禿筆枯勁

簡者設色濃淡 其大者木石一圖 作兩枯樹 一濃一淡 極意或棒而深柯勁榦見致

生機脫去舊習 潑墨作巨石于下 亦見另趣 元人物品也

吳偉業 梅村 太倉崇禎進士 山水得董黃法 清疏韶秀 風神自足貴也 與董思

白王煙客等友善 作畫中九友歌以紀之 九友為董玄宰 王煙客 王元照 李長蘅 楊

龍友 程孟陽 張爾唯 潤甫 邵僧彌

王鑑 元照 太倉 弇州先生孫 畫學古尤長 故其筆墨度越凡流 直追古哲 而于宋

巨然為宋僧 皴擦兼用 嚴重筆以沉雄古逸之氣 漸乃先民遺組 後學指南 5

太原煙客云 相礙相礙 無之論六法者 兩先生有開後之功焉 官廉州太守

王鐸 覺斯 孟津鎬丹謚文安 山水宗荊關 邱壑偉峻 皴擦不多 以暈染作氣傳

以淡色 沉沉蔚蔚 意趣自別 又云 畫寧寧無 能情 如倪雲林一流 雖略有淡致

不免乾枯 猶羸病夫奄奄氣息 即謂之雅秀 薄弱甚矣 又云 從境界奇創

鄒衣生以氣暈乃為勝 可奪造化 孟津書法不亞董文敏

戴巖犖 名明說 滄州進士 官尚書 二字孫升

馮源濟 胖仙 涿州人 馬頎 頎石 杞縣人 方大猷 嘯壑 烏程人 鄭杲 高桐 茲縣人 錢叔聚 為九嵩契

劉體仁 公㦷 潁州人 莊冏生 澹庵 武進人 王崇簡 敬哉 宛平人 鍾驛 王益都人

程嗣 嚴沆 米漢雯 高簡 傳法多真 吳鎮 郡方 趙進美 季閒生 合先生意 有年討

李䛌 庭綸 工墨竹 長于大幅 墊而不匀 樂 密而不清 能品也

王武 忘庵 張翥 研山 周荃 令亳 姜廷幹 綺季 墨花丹寫生 神韻生動

張漣 南垣，華亭人，工壘石，所築頗著，吳駿公為立傳云。

陳録 原録，蕭山人。朱絅 工花草寫意。沈治 約庵，秀水人，山水宗[illegible]瞿山風。

◎王翬 石谷，常熟人。奉常每見其畫，題曰：氣韻位置何其生動，天然如古人，竟乃尔耶。吾年垂老矣，何幸得見石谷，又恨石谷不為董宗伯見也。廉州見其扇，亦嘆曰：石谷乃能至此。師而兄覺于予子作然。武進惲壽平服膺生以圖之，嘗曰：古今來筆墨之至巔，不能相入者，石谷則羅而置之筆端，能以方神於技乎。石谷嘗曰：畫有明有晴，如鳥兩翼，不可偏廢。又曰：繁不可重，密不可窒，要伸手放腳，寬閒自在。又曰：以元人筆墨運宋人邱壑，而澤以唐人氣韻，乃為大成。又曰：皴擦不可多，厚在神氣，不在多也。又曰：余於青綠靜悟三十年，始知其妙。又曰：凡設青綠，體要嚴重，氣要輕清，得力全在渲暈。又曰：氣清則愈厚。

惲壽平 南田 花卉以北宋徐崇嗣為歸，為寫生正派。與石谷書云：格于山水，終難打破一字關，曰窘，良由為古人規矩法度所束縛耳。江上外史笪重光侍御討論

六法 江上青山水 著書箋畫答曲畫精微
楊維聰 海石海鹽人 只居西角 皆善繪魚
李琪枝 字含溪 南溪 嘉興人 山水花卉草蟲魚長
顧大申 見山華亭人 陸灝 平遠 山水清和圓潤 饒有風情 華胥 未逢弟鏞 無錫人 山水士安
顧昉 若周華亭人 山水師董巨唐元四家 骨氣清雋而高厚 所謂有筆有墨者也 為君
學西宗脩派 石谷跋云 若周畫道源大古人之室 而筆無纖塵 墨分五色 別有逸致 足
自出胸中帶來 非學習功力所及 此固高古簡蒼 氣韻溢于紙外 尤近來不多見之傑作也
乙 白苧村桑者曰 華亭自董文敏析筆墨之精微 究宋元之同異 六法圓行 實在於是
其後士人爭慕之 效華亭一派 首推藝苑 第其心目為文敏所壓 點擲挪糊 唯恐失
之秀潤 復未手古 因是襲其皮毛 遺其精髓 流而為習氣矣 蓋文敏之妙之能師古
晚年筆法 合古而化者也 學者當求文敏之所以師古 所以變化 則不難獨闢生面 而與
之能抗衡 不當株守而自域 文敏論書亦同 然不如獨詣
若用可謂獨詣矣 之言也 人皆閱而不察 何哉

羅牧 飯牛 寧都人 江西派乃筆法于魏石牀

葉閔 金城吉衛人 山水喜作大斧劈皴　錢瑞徵 崔虞 海鹽人 好畫松石

今人皆火氣滿目 非強作生硬即怪誕無俗 行筆之無韻者 且均拘牢 不解用筆精脈於墨耶　云

何其仁 字鏞 善蘭竹

佳東貞 吟枚 沈龠 興海甯人 工人物

朱東巖 仲之 劉源 伴阮 金古良 名史 山陰人 皆人物名手

顧符稹 吳質 山水人物 學小李將軍

汪之瑞 無瑞 休寧人 山水以枯附中鋒運渴筆 焦墨多麻皮荷葉等皴 其化皆實山　書言

畫能疏能密 有奇正方為好 又曰厚不因多 薄不因少 皆畫家名言

周翼 以調 江寧人 高之量 慎儕 江寧人 寫真多白描 不裝不飾之藩 而用吳生蘭葉法

嚴繩孫 蓀友 崑山人 工山水人物　賈鉝 可高 臨海人 胡貞開附 工竹石及折枝花 善用瘦筆九

墨風味淡逸 筆不大合者 易而石因奇詭者 畫久乃稱藏木

杜亮采 蔚如 華亭人 呂仙嶷 山陰人 山水沖淡閒澤　馮公鉅 清細秀亦亦雅趣

宋大磨 吳江人 王澤 山水花卉　高簡 淡如 雲山人 吳人 山水枝法元人 務為簡淡而布置便穩 筆墨秀

今人作書畫與畫者但取意耳而不究乎工力此何異於食夢充飢與餓人等也雖然以道眼觀之者亦未果身價佳

得古名跡而探求之此是不能識而能作耶此應以書畫琴棋為高品也余嘗見公有臨摹道妙畫目不到聖處甫堪

藝玉特能聖皆因失傳矣先因識此為書旅福其大之若只臨不審者識之為何也

惜

張米盛曰萬君胸有書卷故腕下處處靜韻不然亦落而厭玩也

梅庚 雅山 宣城人 傳世貴唐候

王翬 梅崎 吳人 印畫號名石谷

白苧村桑者曰石谷畫有根柢其筆力仿諸家筆下實有可見非偶然也王筆致之猶猶萬世天

性不可以強學者不家往時聖業者特能傳接元氣況失實青韻清姿後不能及以自予人遞流

為近氣大王使論白者華石谷為戒凡長諸之品欣

程功 柯亭 休寧人 山水有奇氣 王琛 安吉 多收人 山水善大幅 宋駿業 聲求 學畫于石谷 善元人之法

顧銘 顧見龍 沈行 潘瑛 錢嘉會 培周 畢三 汪三 王禧 俱以寫真名

張子畏 武進 南田甥 工花草 宋澤堂 鑑別古畫名跡真贗百不失一 畫自謂暗中摸索亦能得之下

以示曹六精鑒 劉有書畫 黃鼎考校羅古蹟名畫

柳遇 仙期 徐玫 采若 工人物 柳人時筆古木偏真 亦可謂之翻身風骨

吳求 吳正 休寧人 周之恒 月如 山水 馬相舜 王式 工花鳥 吳穆之 姚宋 工畫竹

薛宣字某號　宣自謂曰我畫百年之後　又曰我畫甚不易識奈何　周蕖　海寧　工書

李蟄　蟄山　安陸人　山水多以墨為主筆作意而筆墨工整氣韻淹潰以墨勝也

◎白芸村曰梅庵云山水用筆須毛　毛字從未論畫者未之及　蓋毛則氣古而味厚　石谷云

凡作一畫用筆有磊落氣有濃有淡有輕重濕方為好手　然未一律則光矣　石谷所記光

正毛之反也　楚雲叢云凡畫須毛　毛須蒼　骨髓可以窺藉也　此皆論畫精言　米襄陽有古云須蒼不肯毛妙

呂峯　潞安長　工人物　胡鋼　百鍊　人呼為鳥水仙　郭崑　王樸　工人物　米儒　山水花草並工　瞿灣　工花鳥

吳歷　漁山　吳人　山水宗大癡　疊峰層巒心思獨運而氣暈厚重沉鬱得古韋常傳

◎梅庵畫論畫每右漁山而左石谷　嘗謂弟子溫儀曰此時學者惟漁山而已　其餘碌碌不足數　余入漁山

筆墨之功力高於石谷之半　因叢之之所折服　每見名士習氣嘛哀言也　余亦謂非田撫軍之說亦未免嘗

周銓　周洗　周覽　俱吳人　其取得古本摹之曰畫須自出手眼　極蹈襲前人為　萬樹挺曠之識而運以精

思極能不受古傳給之目高　黃孔衡　雲學　山水學董曰畫禾之秀也

王鑑　文峽　胡湄　知理不能見　問隱者之肖于自王蕃無解　所以者不讀萬卷書不行萬里路不可作畫祖也

傅麟　日為　嚴恆　治琵　陸善　胥用　桃平寨　？由洪及濃本是務求奇癖　以嚴山水亦將主意境　供筆了人

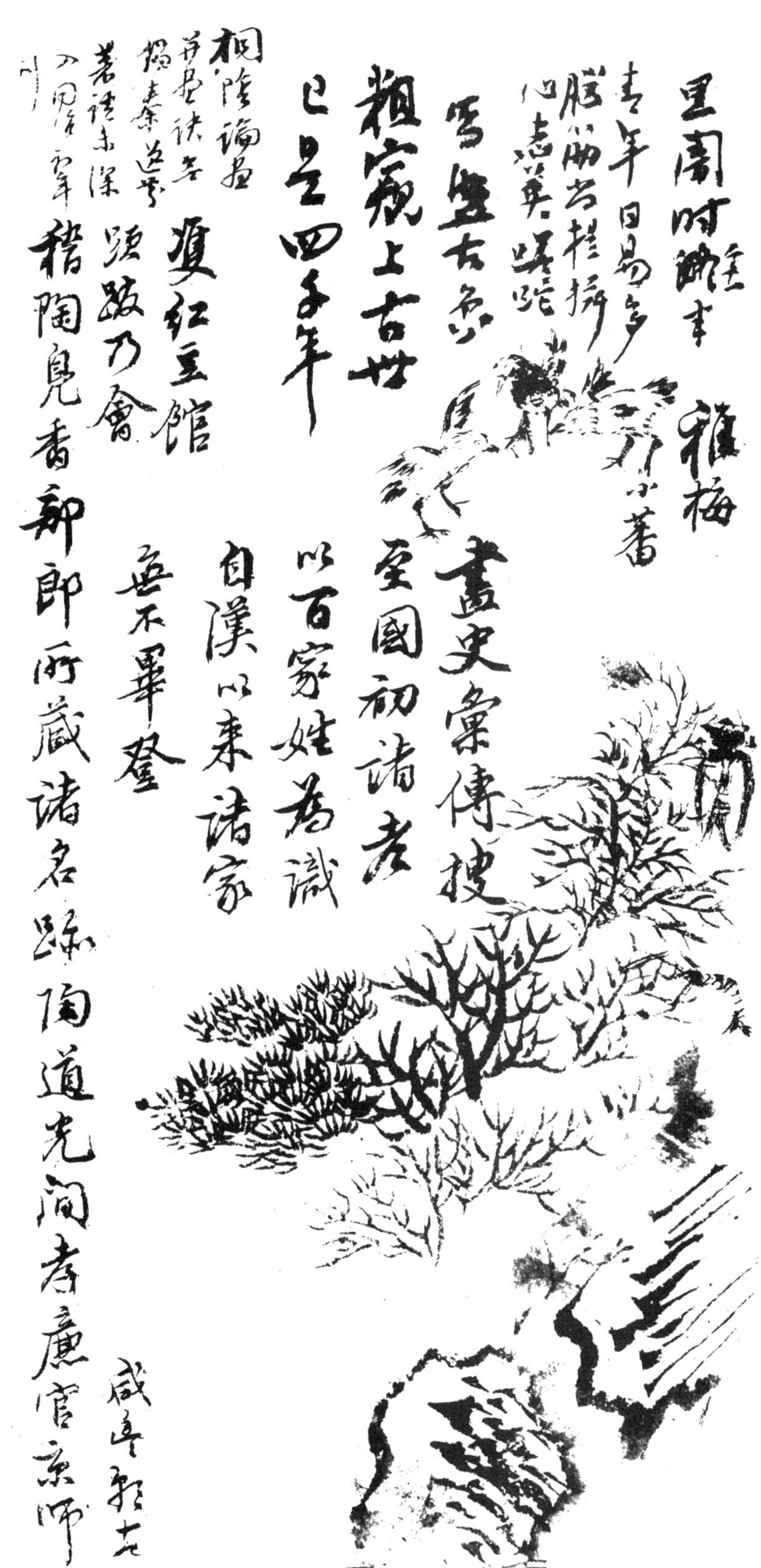
粗窺上古世
已是四千年
至國初諸老
以百家姓為識
自漢以來諸家
無不畢登
復紅豆館

百年智巧消磨盡慚愧人傳粉墨痕

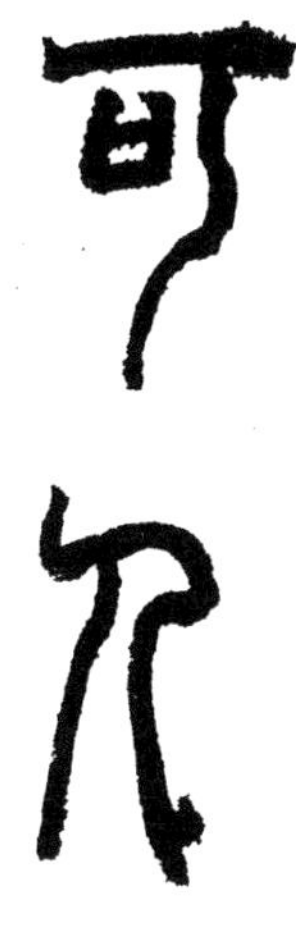

猴廬坐雨偶寫
時乙巳仲春之望

士抱才能而人不知，所謂良賈深藏若虛者，往往而見之。冶梅王君與余相識廿年，頃因寓浪華，時獲聚首。君於詩文之外畫最著名，凡人物、山水、花木、禽魚無不精且工，而尤長寫石。每與論畫，君少許可，嘗曰：問畫法于時流孰最，求名師于西。語余曰：畫譜備矣，顧復若不一，惟石譜罕見，汝曷……襄陽爲山水之石，白陽、南田爲花草之石，雖譜中間有鑑非盡事畫石也君畫篇之俾後之學者師資焉未幾又寫石一冊六十四頁見示曰宣和故有石譜原刻久亡曾見諸本此則依其數而非摹其蹟焉子其毋辭弁首余乃一一展觀或夭矯如龍蜿蜿或潛伏如臥虎或偃蹇如朽木或凝重如夏雲恠恠奇奇變化百出而仍不離向背陰陽賓主形之勢畫之中呂正在焉藝也而進乎道矣嗚呼一石

也而畫之神妙如此其他山水人物花木蟲魚餘事耳以概見矣相交既久今始窺君一斑士之伎倆不可測有是夫於其譜成即書以為序時庚辰冬日松石弟葉煒識

余藏石譜五六種唯十竹齋本最為沈着古厚法備

壽道人篆

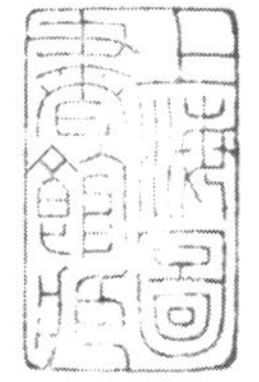

我欲負明堂頌仙歲月長聯盟
惟鶴鹿銜澤自羲黄厚重琳
琅品煙雲盡古鄉呼之如可語
頭合工無疆
昔宣和六十五石圖置此石於首余忘仿
一之并題以詩

蘇〻之法翩〻之賢

堅負丈人千古

譙匠

錦川石

昔年獲覩李龍眠山水長卷
作此皴法突兀斜襟錯落瑰奇
洵稱神品不見十竹齋畫譜中
録此石亦作此皴遂師龍眠筆意
寫之

靈岫

醉後揮毫寫石筆底
風雨縱橫我也顛如米
老畫成呼丈呼兄

石鼓[illegible]題

曾見沈石田先生老人峰石巨幅率意為之用筆雄快震動有渴驥怒猊之勢而詩亦雄壯不羈此翁可謂畫中獅子也但一效顰愧不能似

蒼翠青冥兀曾作秋
水骨英涼偶不知甘
居煙雲窟

慕涌雲石弄題　二十山子

太華峯頭蓮闊十丈翠蓋擎出秀甲天壤仙風吹來化石為象手段此圖貽君子貴

荷葉 敦法再銘

秋熱

大星墮水清蒼吼祖龍夜吐神芒去
誰將五色補天缺屹嶂摧閱歲時
久坐㟧山頭精衛鳥身墮風波斷
不了秦皇去後鞭棗田鼇背雲峰
一星小　背摹鼇背靈峰芸綠
嵩書郎題句

山骨鋒稜瘦益堅，窮高峯上吐雲煙。當年曾入媧皇選，五色巉巉功補天。

錄舊作

莫是巨靈劈斧痕歷歷分奇貳一拳石出自李將軍大力妙無匹揮毫乃運斤披肅指瘦骨劃破暮山雲

李將軍奇劈陣岩句

石女嫁得蒲家郎朝朝
飲水還休糧能享堯年
千万歲一生綠髮無秋
霜

曾見慕忠先生有此本
阿師其意

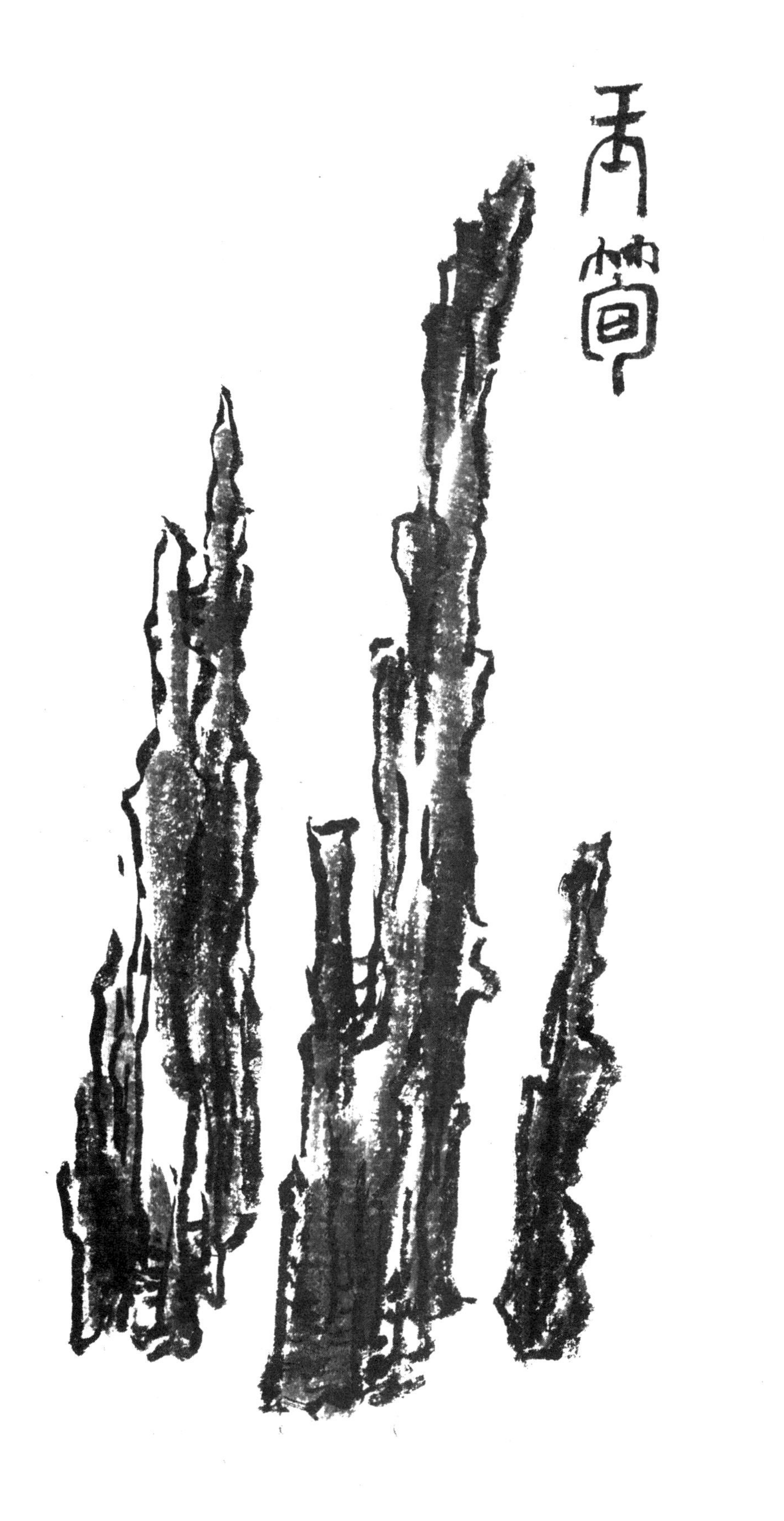
天筍

兒笋莫成竹胸中飽

謂以呪石句集筍

妙參玉版禪

善古髮常綠顏猶晉
益堅花間留歲月座
支對緣前

吳硯題

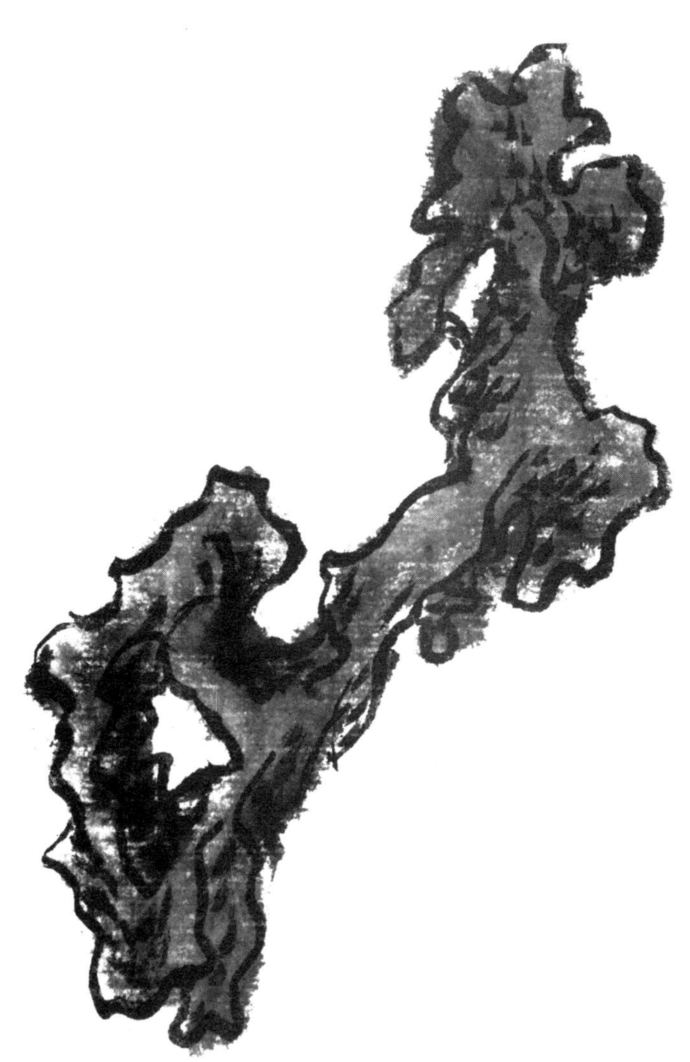

可堅操可勵志

達大匠琢成器

師小李將軍共勉

清年銘

君不見晉公元勳蓋盛往綠野堂前羅澗石又不見衎衎正直韓退之汲井埋盆成小池二公胸中足達致澗石盆池聊自娛世間萬事皆幾去何止拳山與勺水

背臨李園蒲酒石菴録王梅溪先生句

研碎冰花入研池，醉拈斑管墨痕滋。嶙峋骨格毫端見，不必丹青强入時。

雪窗吴硯作

青芝

太湖山骨是師模短幅
長箋次第摹七十二峰
初過雨淋漓洵畫中雲

雨窗背摹太湖石以得句

鮮佰之有奇石鋭上而豐下百竅洞達大者爲巖小者爲竇巒者爲岸緣未雨脉内外瑩潔渾然天成如華峰半圭高插雲表名爲遠月巖

陸雲莊得一奇石，兵部杜孝先過而觀之，遂名曰待鳳，以其一峯横生若待鳳來棲者，因而名之，又作賦以記之。

實乃諸巒嵬推腹嚼齶

藁窮盡歎其窮被寂一手

抑東坡昔袖中攜倒我猢

猻山僧苦著相便覺生

煩惱

背臨沈石田大石齋華

袁安綠龍白

嫩碧

漫説他山石，能將白玉
攻。我今憑墨瀋，寫出
碧玲瓏。

背臨宣和凝碧石并句

紅雨

片石韞良玉蟬聯
疊浪奇雖然空寶
裏自有白雲知

胃蓁萱和疊玉石

衆鳥高飛盡觀形屢孜
精鳳兮仍不覺石也太聆
本鄉國來丹穴羽毛黙
翠昔備思鳴盛世大塊
亦良材

羲宣和石語又一首句

揮毫寫出勢玲瓏傲
骨天生筆象雄偉的
來歷知己見地應視
筍挺庭中

色共水月皎質比瓊
瑶堅仗彖筆録刹
劉取峨眉山巔

雪窗吴硯
并句

留雲

只許雲同以宵袁雲獨飛多情惟此石雲在與々歸一縷殷勤護三生難剔排也如簾不捲香繞夕陽微

仿宣和留雲石於雲在樓梁奐又題

柏果
解

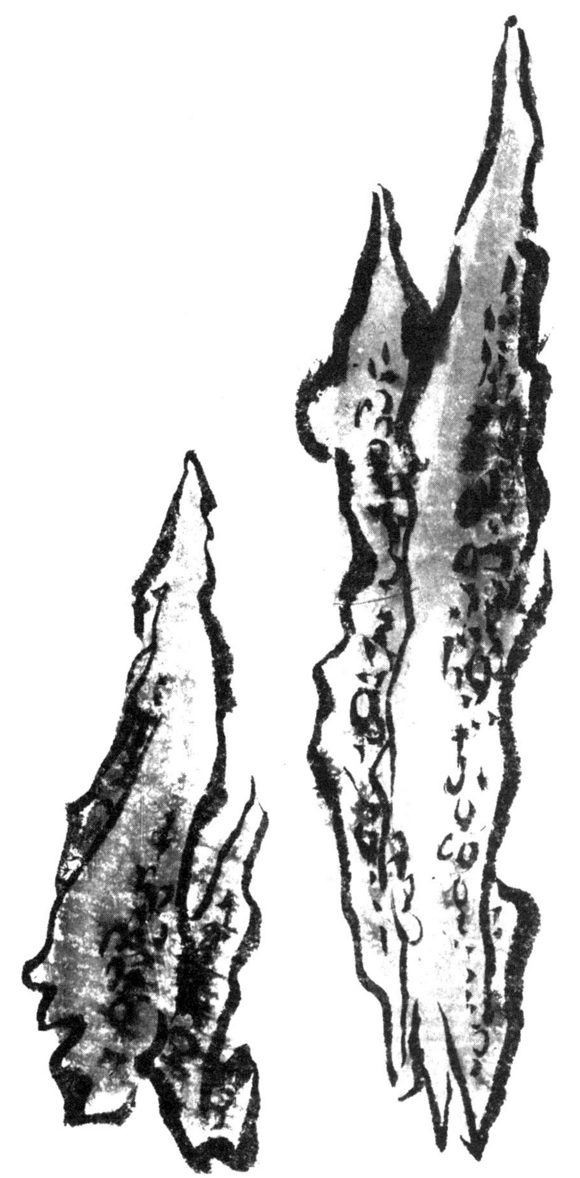

一峯云多高不盈尺蘚蝕
皆斑雨淋日炙凸若鱗皴
纍如黍積壽考堅于柏
果峯石

黃燭題對案供柏
果峯石寫象再銘

實不殊高居一峯雨淋日
炙自年年結完太璞棄
雕鑿恆伴白雲即是仙
師梅道人八十又二

裸鐵

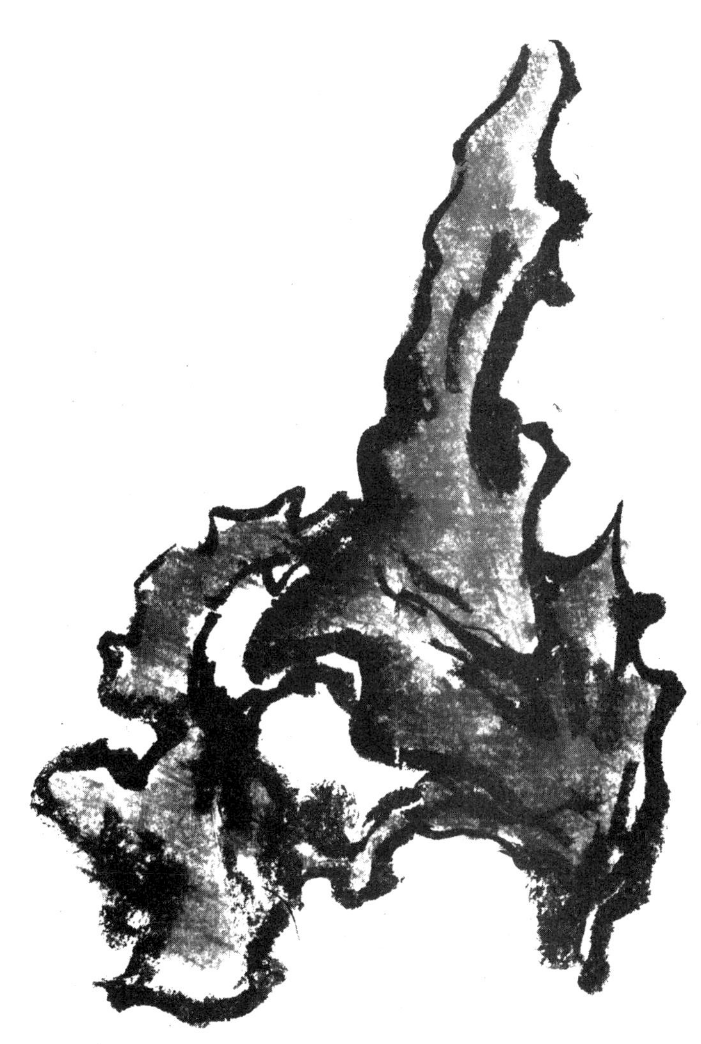

終朝雙管不停披寫
石還須更寫詩石丈果
然能解語也應呼我
虎頭癡

雨窗剪燭寫石一卷
并題小詩

夢時良是覺時非，汲井埋盆固自癡。但見玉峰横太白，便從鳥道絕峨眉。秋風與作烟雲意，曉日令涵草木姿。一點空明是何處，老夫真欲住仇池。

背錄仇池石並錄坡仙題句

氾羽

獨瘦形骸似病苔藤

不敢料纏蔓閒誰爲憶

已當年曾有來期

舊作

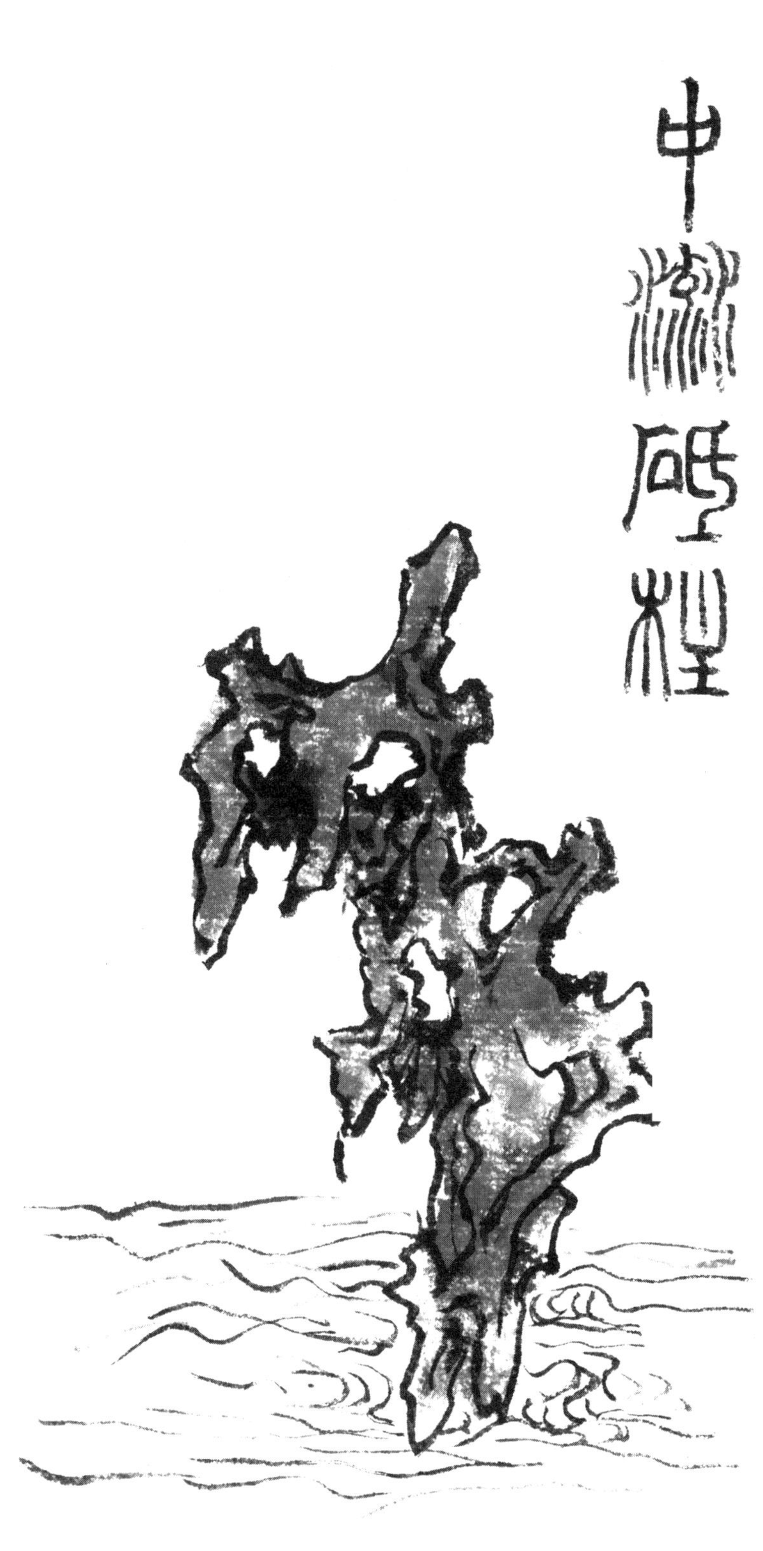
中流砥柱

崔嵬砥柱石補天功莫儔此心堅不奪無語立中流

又題於雲在樓

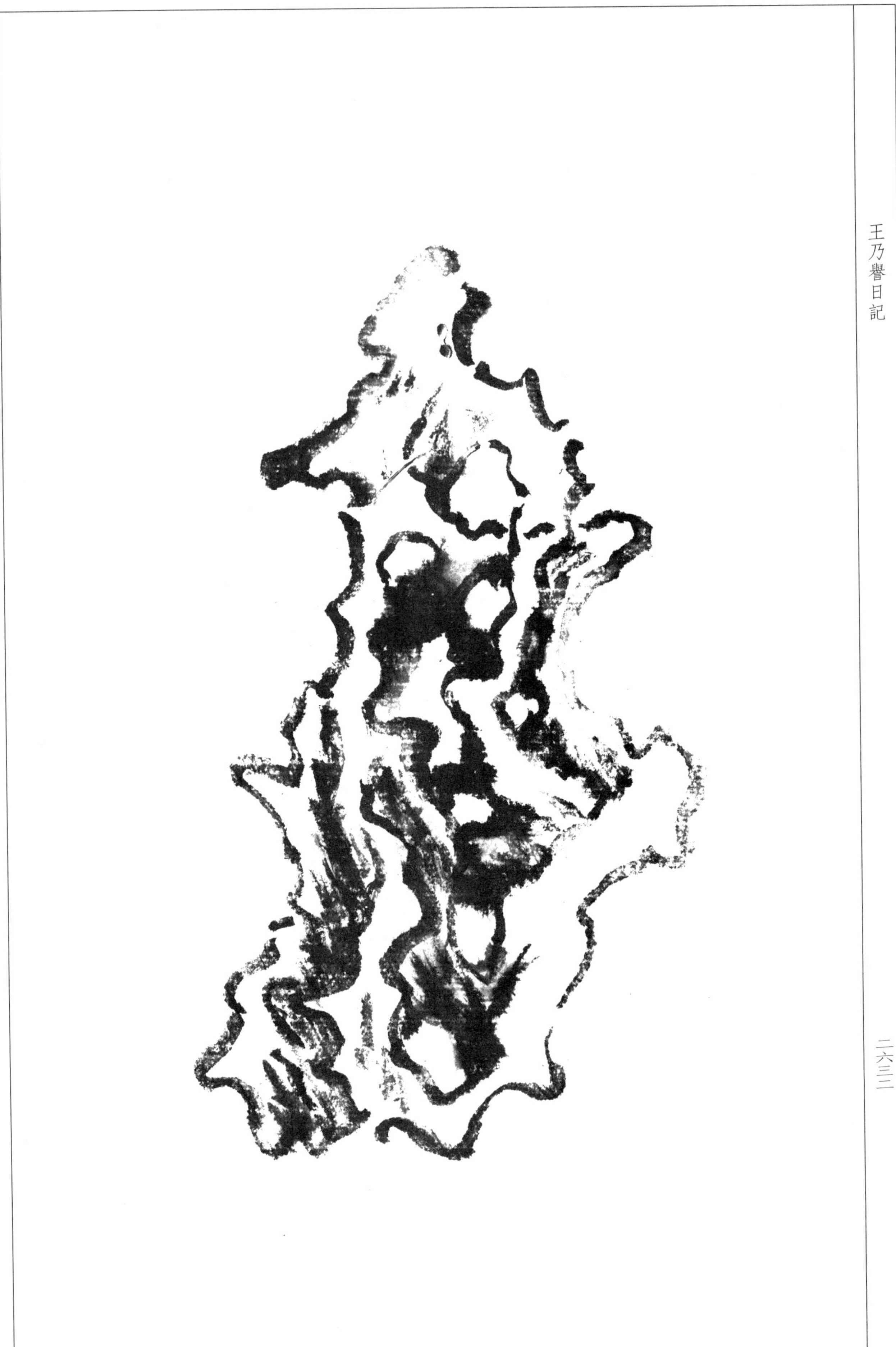

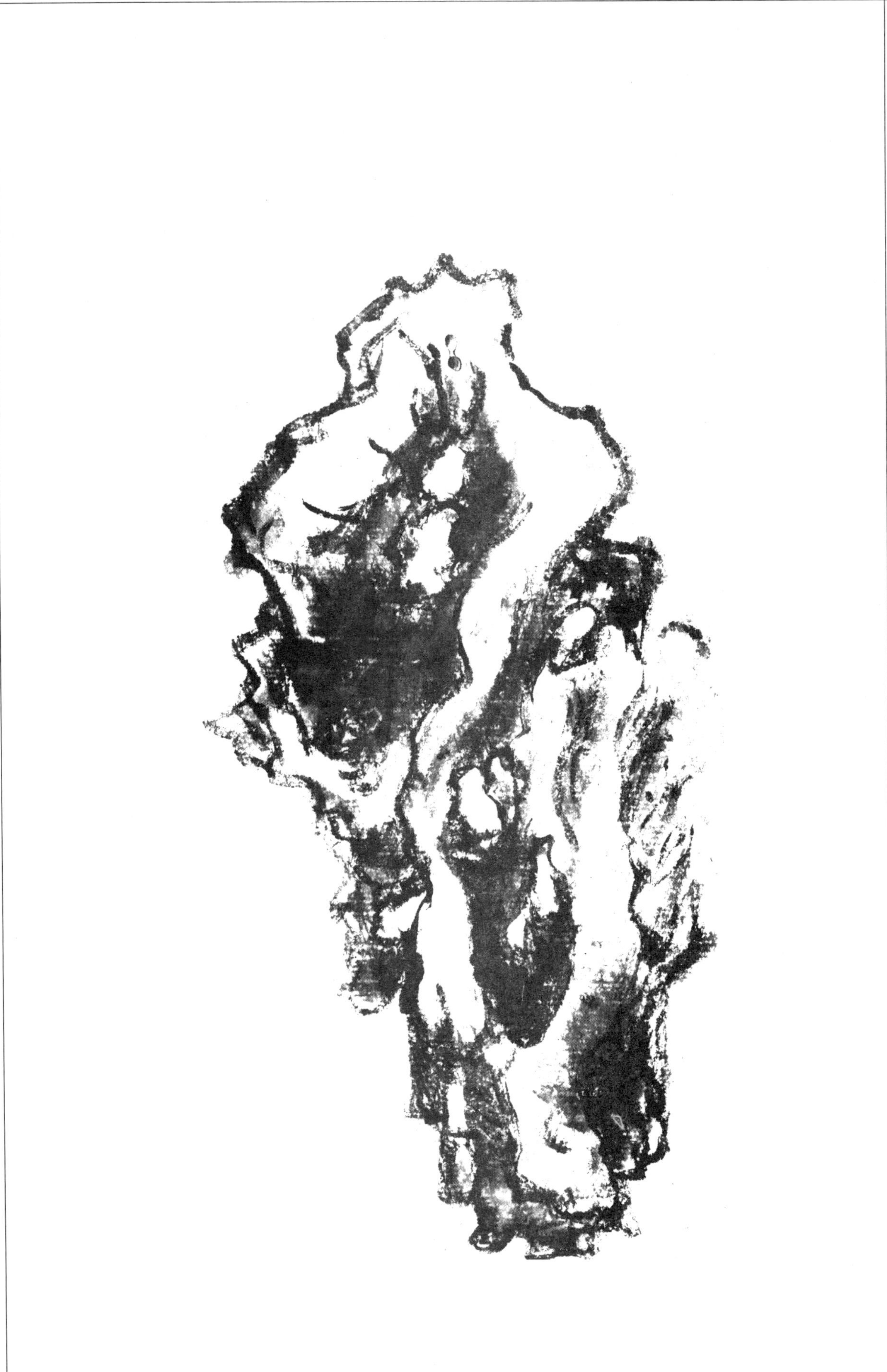

一拳之石貌古怪
米顛見之當下拜

直冊

數慶吉雲　石丈　錦山石　靈岫

長庚　涌雲　拏翠　伏盤

劍鋒　芥房　石涓　玉筍

綠雲　舞蛟　瀟洒　峽猿

青芙　遠月岩　待鳳　紫英

凝碧　虹玉　巢鳳　蓬島

積雪　留雲　鐵肝　華頂

螺髻　仇池　淩羽　中岳雲柱

橫冊

瑤池片玉　小孤石　虎頭　南屏峰

海盤　小樓霞　蹲蜍　醉僊

小釣臺　清虛岩　須彌丈人　疊書

鳴鉉　折矩　蓮蕊　伏犀

玉壺　蟠虬　凍雲　小壺山

聽經　石床　瘦羊　捫參

衝月　丫髻　怒猊　醉道士

蒼劍　玉芝朶　蝸牛　三品

烏龍尾

共六十五石

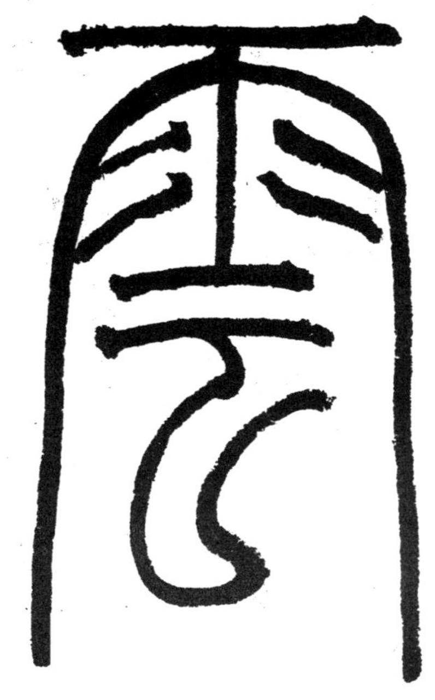

庚辰大寒節

乃亨翁

片玉產瑤
池巧不施
雕琢何人
竊取歸定
是東方朔

妙墨寫奇石品
題詞亦工涉顛
應再拜何況米
南宮
異形分不隶一下
肖其真質存
頑而介讓他呼
丈人

鍾得清華氣
来几案間百回
看不厭真箇袖
中山
題
金陵王冶梅先生畫石譜
請正之
東海辱知周峰福原之亮

昔傳親武東遊觀海身臨碣石留題千載洪濤砥柱河嶽精靈偶將墨戲縮圖其形

小碣石

石圖二

峯石昂
一頭出之
若猛角
譬彼深藏
人文章
不全露

亂

南屏萬峯
中峰々石如龍
何日從雲雨來
自幾重峰

自題

滄海有巨鰲
絲綸釣不得
何年躍上岸
變化成此石

可人

小棲霞

補天所餘石五色
生光兼圓峯形
岑嵂呼爲小棲霞

怪石如蝸盤鱗甲勢飛舞不隨入海龍徧與子負隅虎

陶公醉後散千愁
解說得人生若夢浮
寫得一拳醒酒石
贈君高枕睡泉流
背摹黄崔山樵筆意

昔放嚴江棹高風

去溯洄歸來餘景抱

圖寫小釣臺

滴露

石公早訂歲寒盟峭壁
奇峯信手成點滴曉如珠
錯落光明還勝玉晶瑩
泉流斷續岩堪摘穿踪
淋漓莫与爭得仿古人式
杜撰宣和石譜久傳名
背寫宣和滴露岩石錄序作

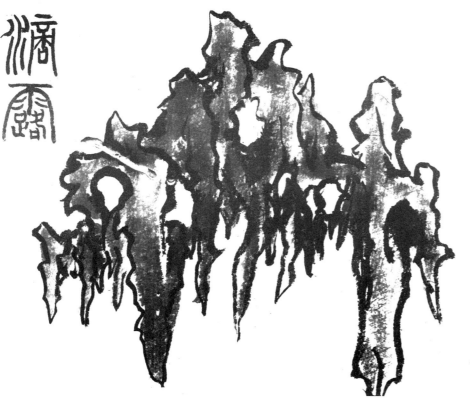

吾聞三面山
珍弄多秘笈
文字發光華
石亦如書疊

太華峰頭十丈蓮
飽嘗風露不知年
一枝拈自巨靈手
恰許亭亭傍硯田

伏犀
角飲々水心可通靈
何年化石卧我空庭
華宜和石
譜并銘

石骨幻成龍盤旋
須詰曲何日默晴
主施雨沾百穀

作畫題詩到夜分
推窗賞雪一樽醺
醉中興致還塗石
筆底依稀積凍雲

雪窗呼草

可人

山西川

瘦削十二峯玉立如巫峽累叠海嶽形不泥古畫法

石牀

清泠可愛支體甚適便是白家夏天牀席

白居易得盤石如床作銘記之

參横碧落
間寸地万千
丈一峰高揷
天直破了摩

丫髻

好風搖石髮，叢外雨新霽，宛如垂髫人，猶解挽髻。

聲震雷霆口吐
雲霧金精之剛
百獸驚顧何年
化石見者猶怖借
問石猊怒生何處

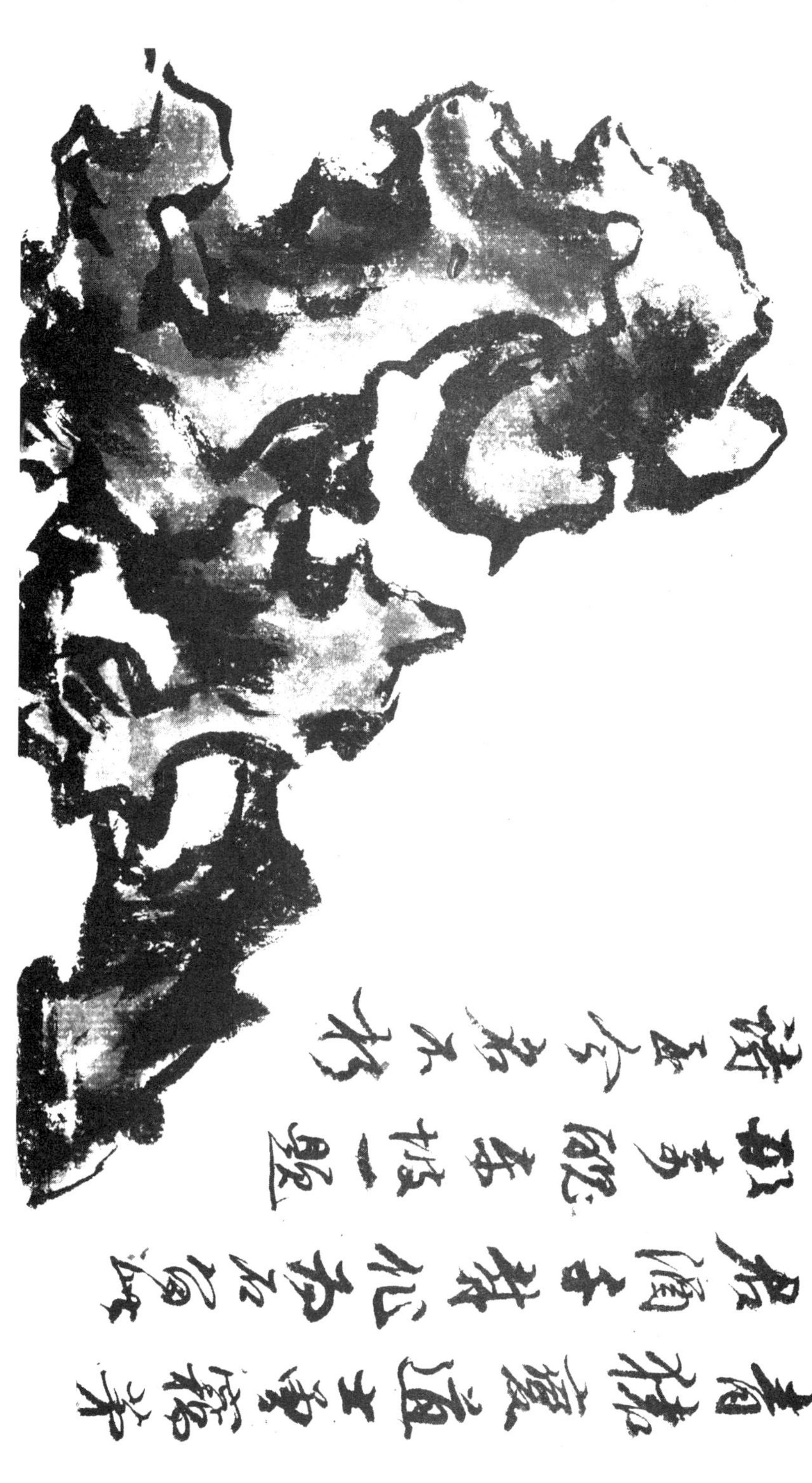

拳石色如玉結成芝
艸形服之長壽考勝
喫飯青精
玉芝

# 三品石

昔水蓮花莊王孫娛其
地庭內石壘儼然一品予
昔游蓮花莊趙松雪隱
居處見三品石立於荒草
中二三知己吟詠其下此景如
在目前返思勝迹用記真景焉

烏龍尾
神龍游太虛見尾
不見首掉頭咸墨池
文光射牛斗

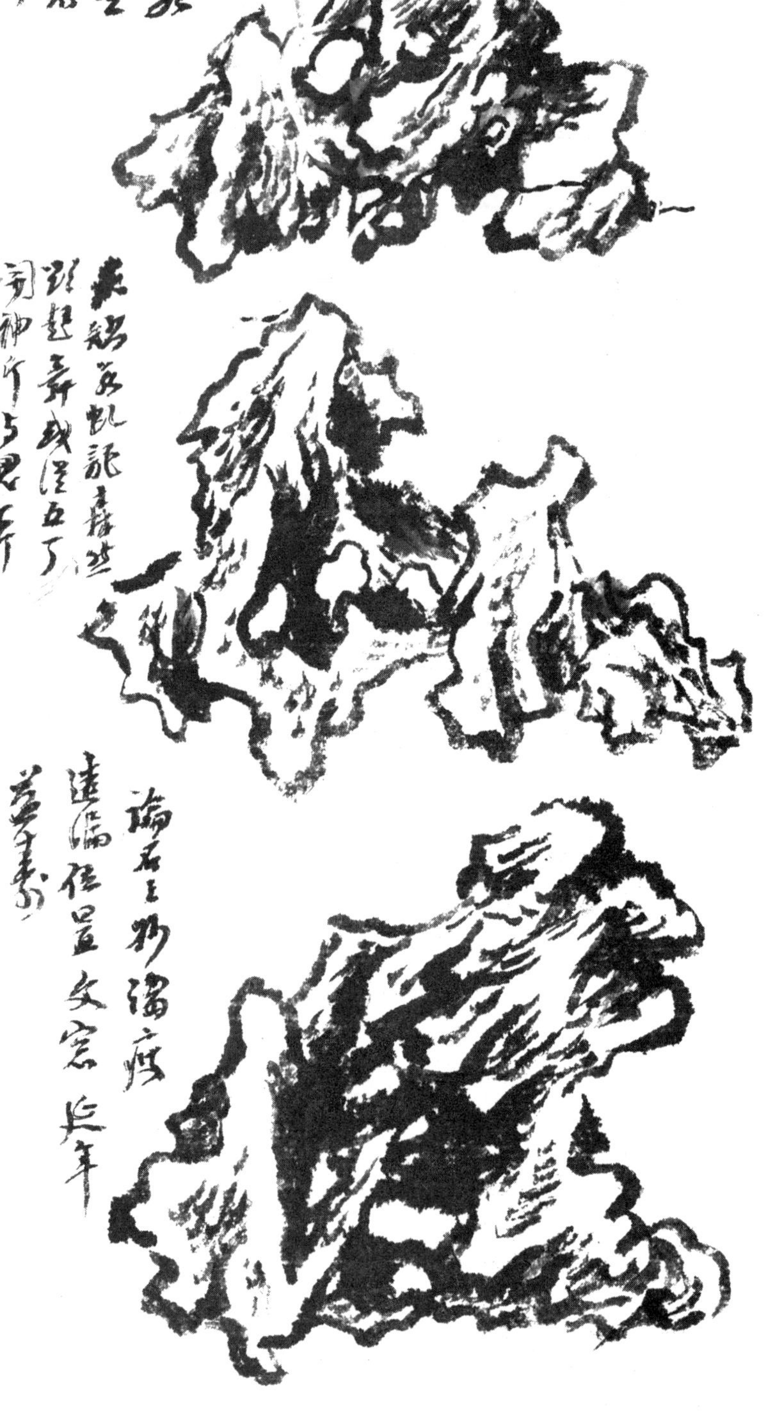

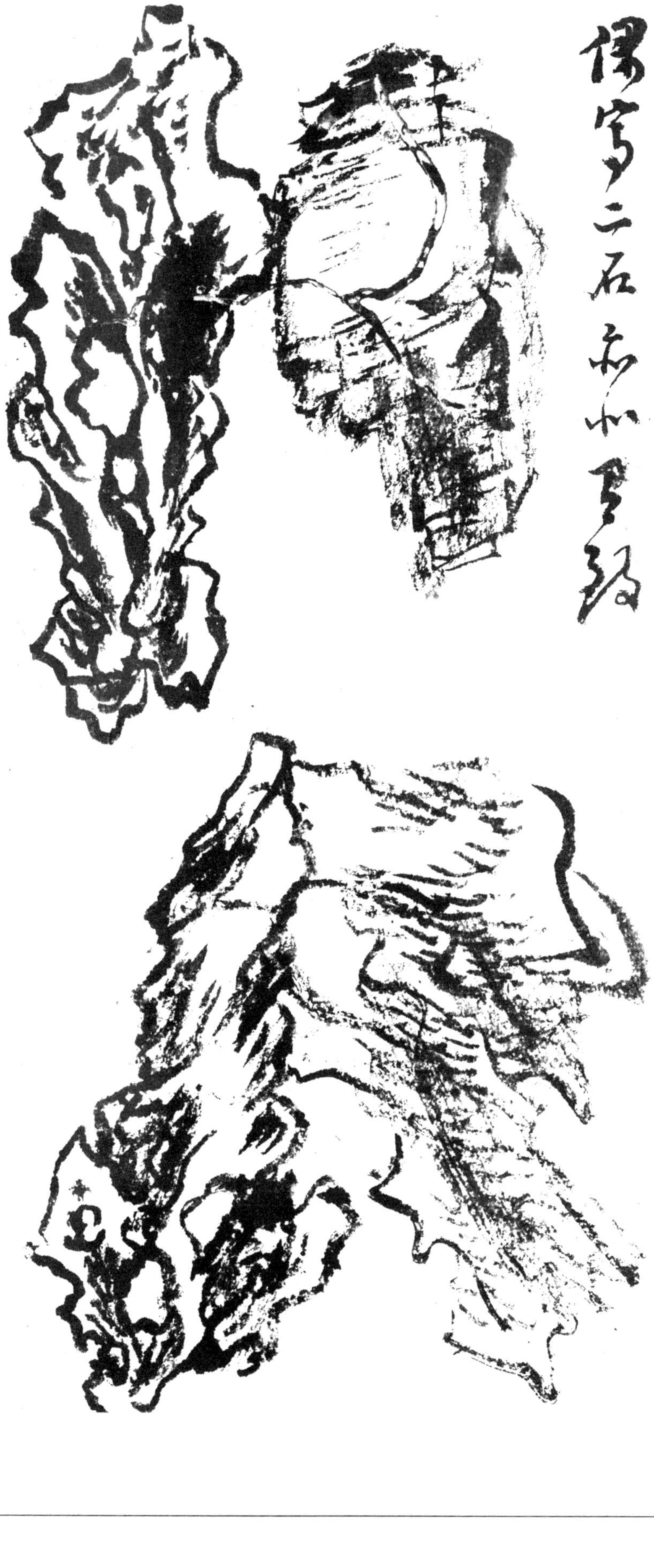

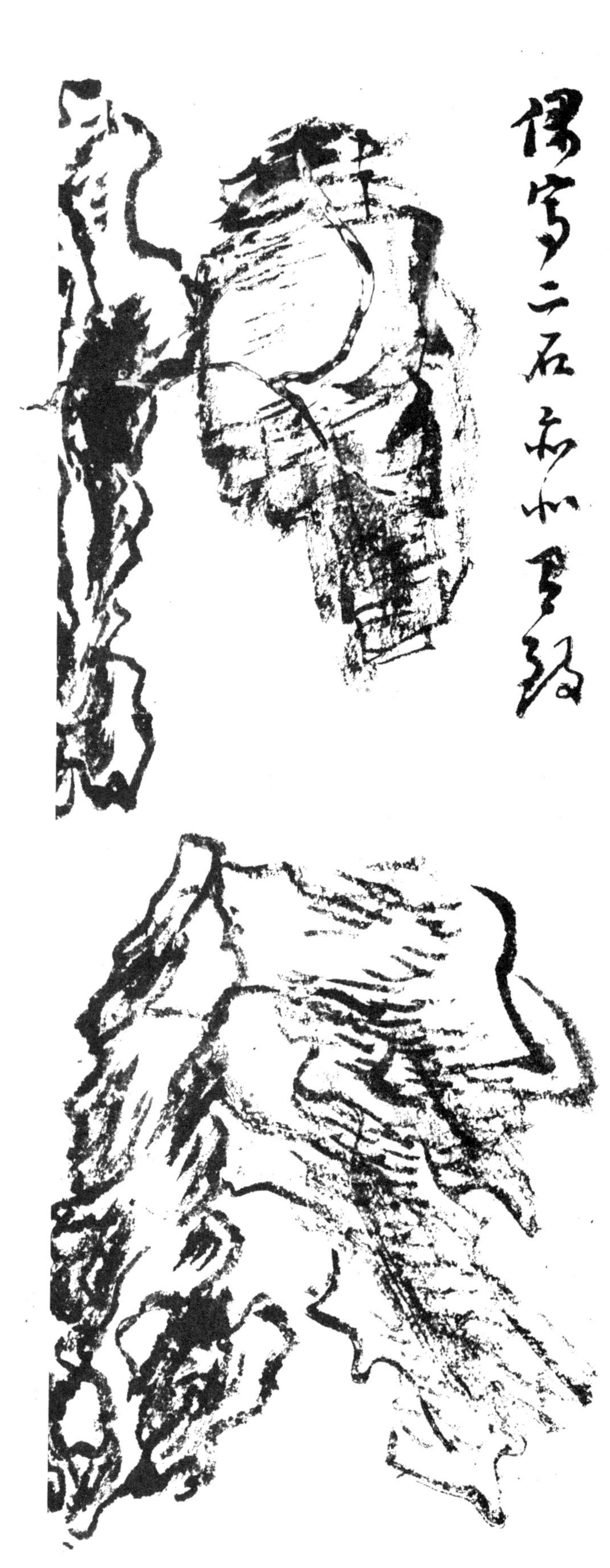

主宰仙

太御筆

匹壁過雲開

錦繡疊松陽

求奏筆贊主宰

寒山鶴蒼

翠秋照日

潺湲

主宰

梅花道人

有此閑余

以意乃之

主宰

外一件

岩陸翦之壽卿 藏泉六千餘種 藏銅玉石泉范二万餘種有拓本各自著錄 刻跋語 内有朱为弼 東武劉吉甫一冊

嶧湖高瀚伯 姨丈 藏泉三千餘種 范二千餘枚 著金石圖錄十二卷 古泉僅見錄二卷 墨影留香一卷 其泉皆西人朱君往

泉拓搭遺一卷 泉書山房泉考十一卷 附存泉癖賸說二卷

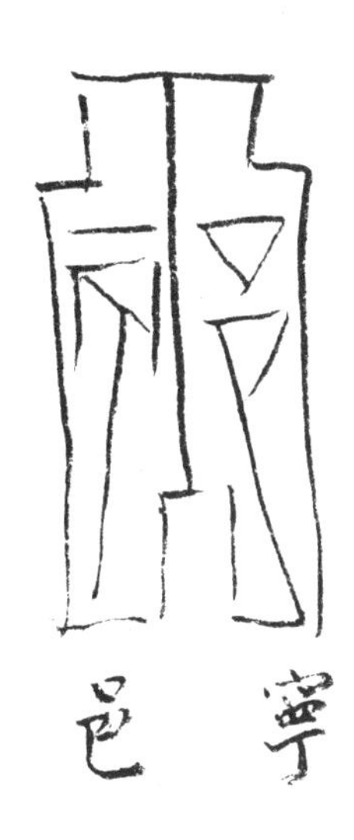


# 古錢考

坿各家及自藏拓本

光緒廿九年歲次癸卯十月過同里張渭漁齋出所藏節墨刀相賞紅緑滿布字跡秀勁真尤物也因遂出萊陽初渭園先生尚齡所著吉金所見録四册借歸繙閱云自梁顧烜至宋洪遵名錢録僅存其目書已散佚自洪而下至國朝西清古鑑録錢亦數十家靡不採摭審究而以得見原錢爲真諸錢至此書畧已大備刻印亦精審無髮憾矣一又吾邑葛淳南先生繼常自手拓本鈔録尤爲清秘且多列國幣及外國錢存之亦足考訂諸錢原名古錢考以仍舊云

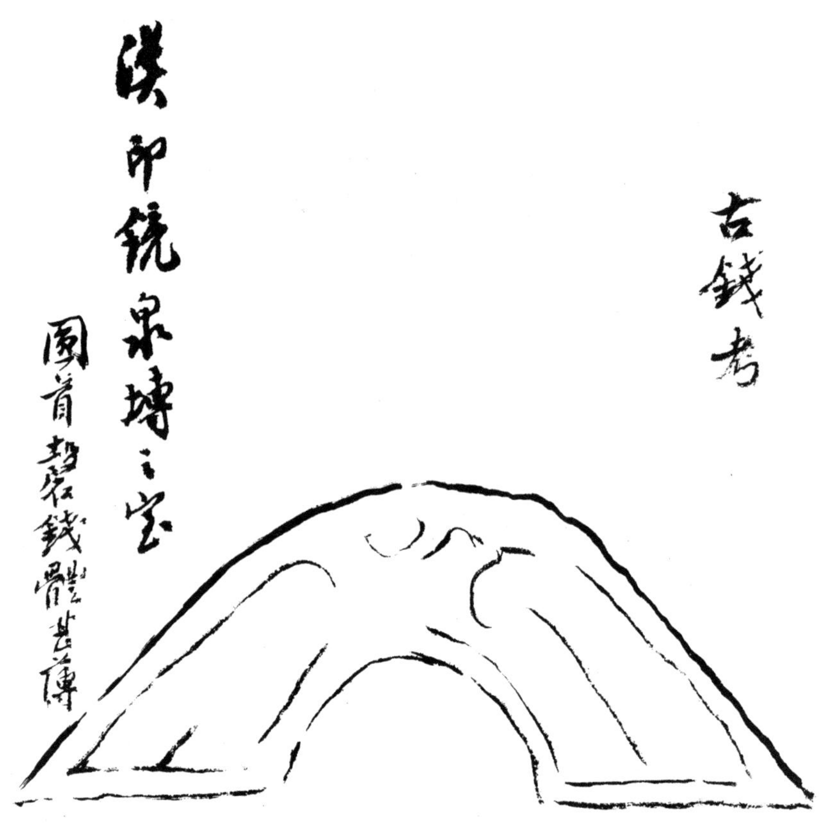
漢印鏡泉塼之室
古錢考
圓首磬錢體甚薄

梳齒磬錢
同鄉葛淬南
先生古錢考
載得之蘇花農士樞〻〻
得于杭州

古刀

往端木日於燕市得古刀
疑是古大刀三代前物

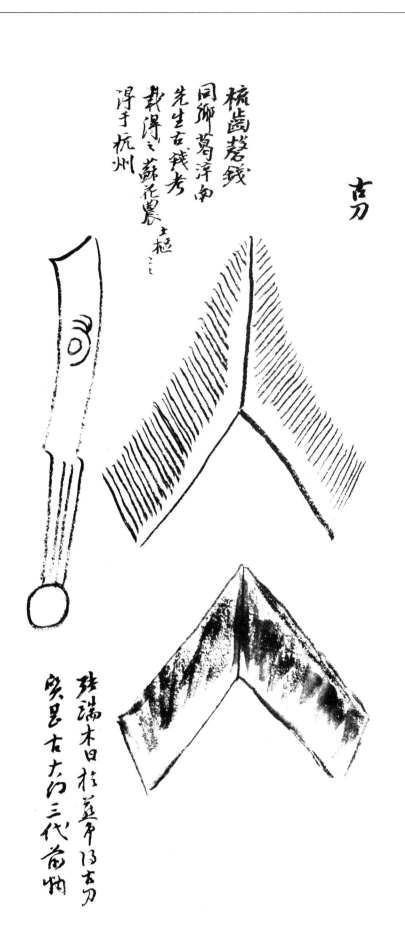

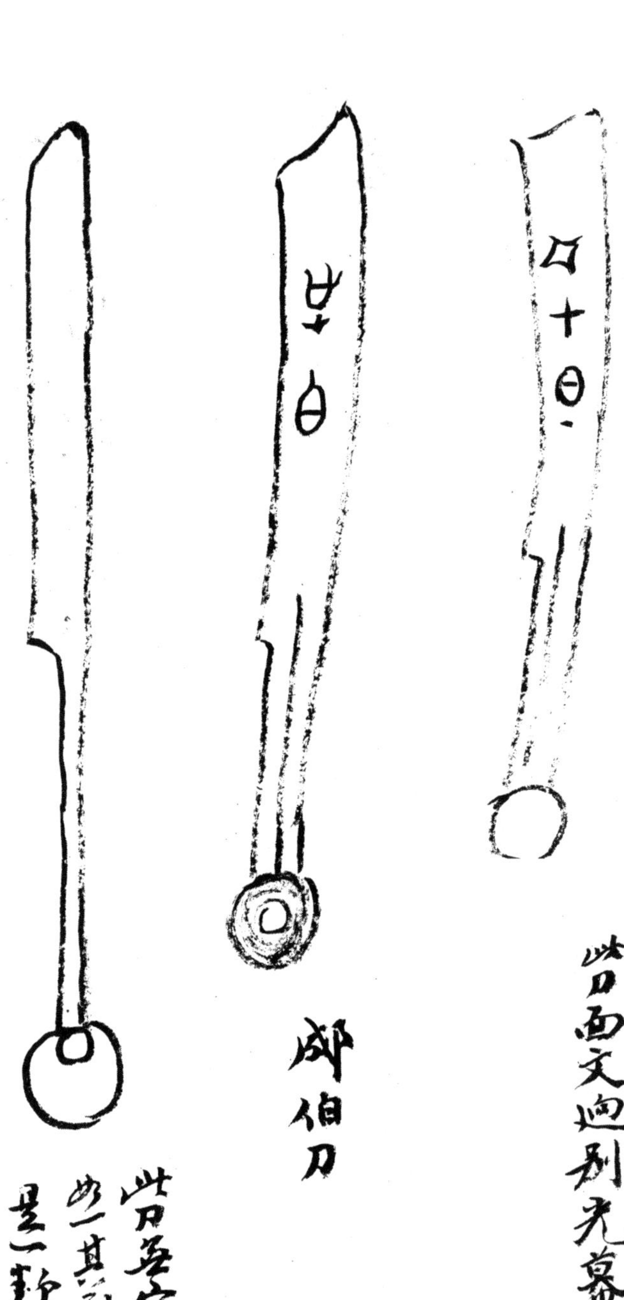

此刀面文逈別光幕

郘伯刀

此刀無字面背亦一其形製又是一類疑古人佩刀也

近代如吉金所見録等書皆定為齊法貨三字

齊法貨

吉

背

張絅庵曰予細審此面之文曰齊大刀貨皆文不一

背更有字近多種如行字工字等不一而足

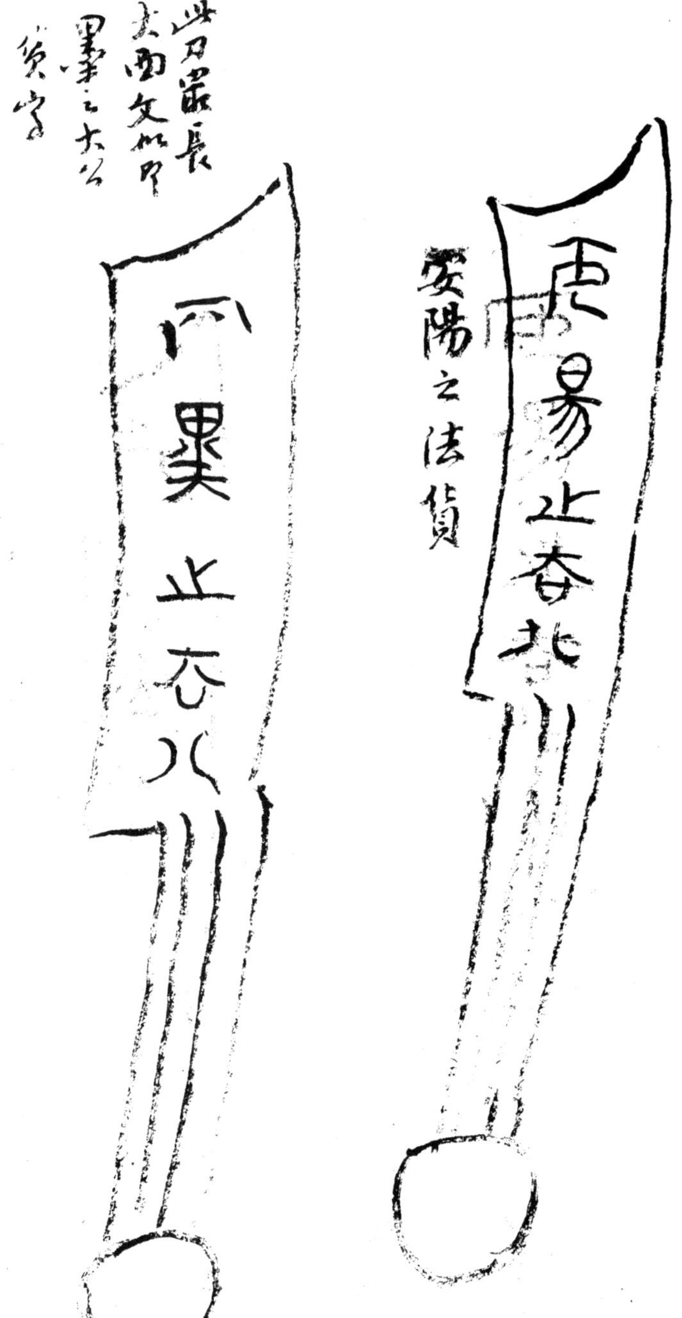
安陽之法貨

安陽之法貨

節墨之法貨

各本墨字下加一刀字故釋作節墨邑之法貨

承光一跡

異布

洪遵曰：自柄倒讀其文曰安陽之吉貨

又有金多二重

鄒釋爲安邑貨金四字　承寀

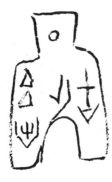

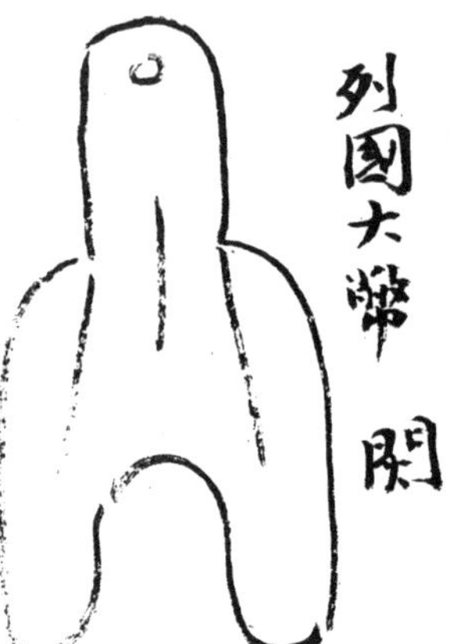

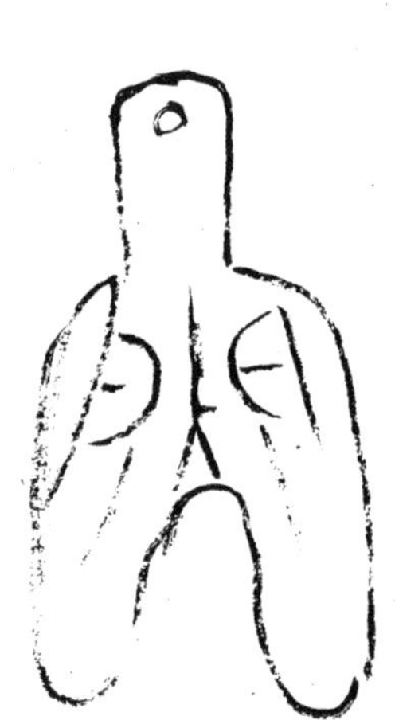

列國大幣　闕

又見海昌唐氏一品文同柄亦圓角有孔

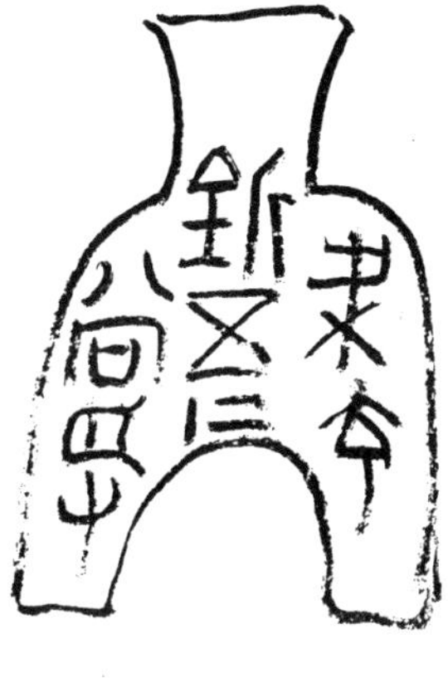

皮氏

此下皆手拓本西錄

太陽

襄垣

高都

魯陽

土

王氏

平陽

平陽

大陽

此布吉金所見錄左作陰字

平陽

邵字

宅陽

鄩氏

文貝

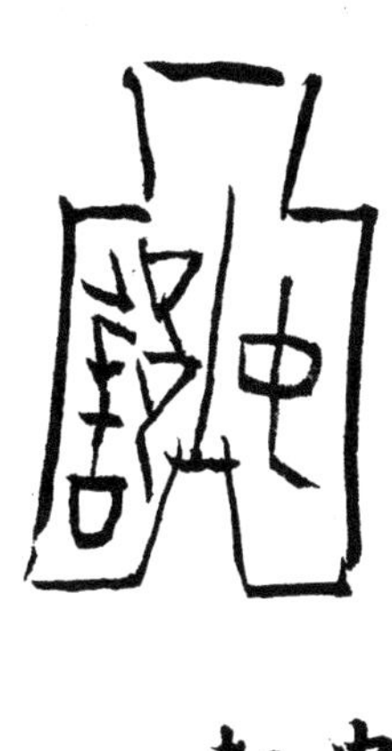

中都

馬

北屈

郚邑

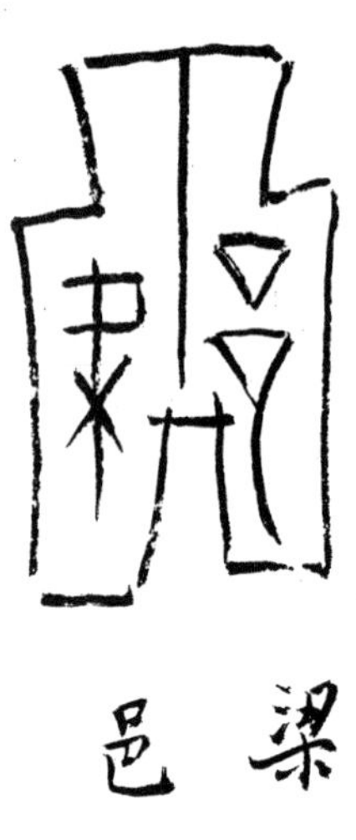
梁邑

邾邑

寧邑

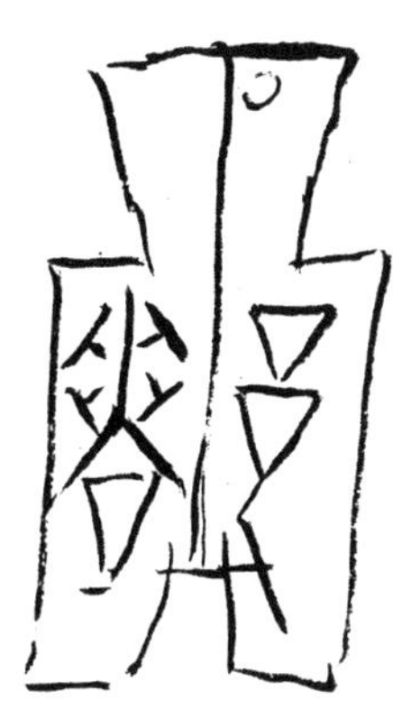

稷邑

鄗邑

丫

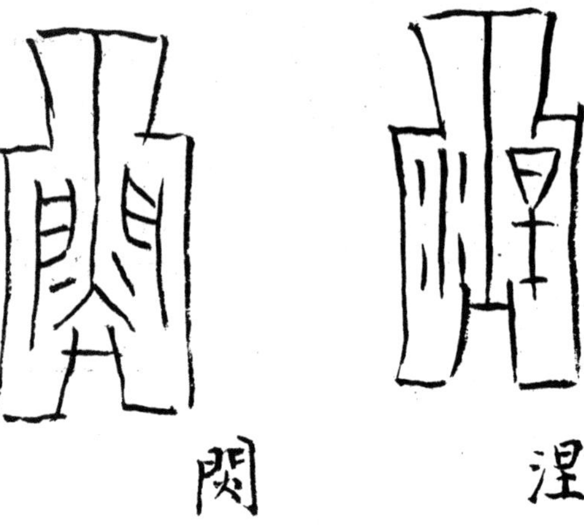


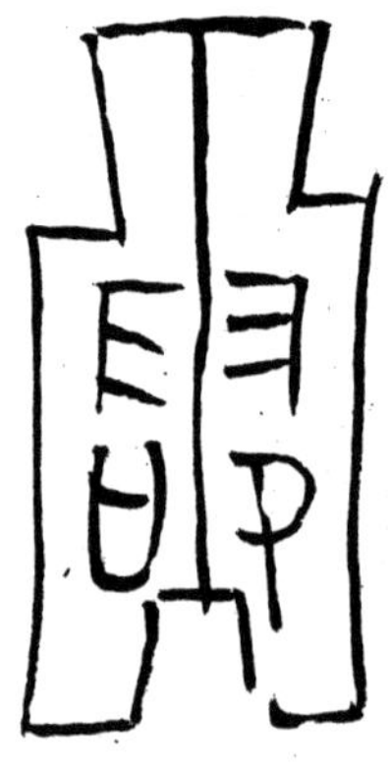
露

茲氏
八千

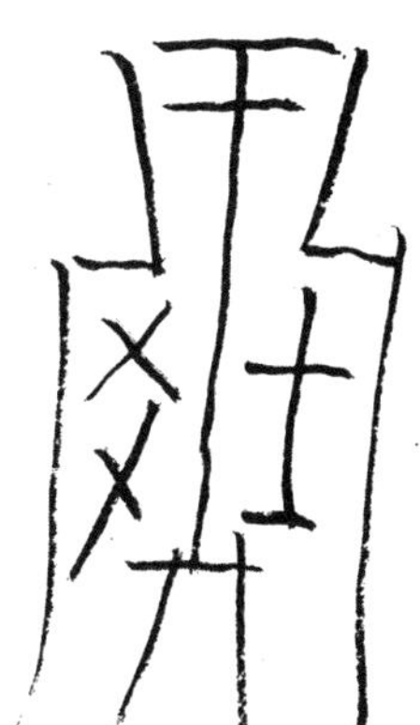

子　蒲

明月錢

徐氏曰此錢文曰明月
洪遵曰徑九分重四銖二參絫已
鍥薄形質簡古無輪郭背文明
澈

一文錢

此仿為垣字錢与
下文相近或斜鑄
謀以為二字

敦素曰徑寸五分　李孝美曰此錢銅色純赤倣古稆鑠
于錢皆亦以鉄文狀鑠形耳　董逌曰考古文此字為巨
泉以為圜錢也

鄧史以為
神農錢
今仍承志
之目

古文錢

張端木曰李氏未采右曰贊左作寳疑和國文字係天贊二字乃遼改元在唐莊宗中信〻言

此二字与李氏洪氏所載又微不同張氏疑為天贊未確存信

按西清古鑑与吉金所見錄下一文係周景王鑄寳六貨三字

印佃錢

文曰孫父母和弟兄宜子孫去不詳

大勝貳得泉財益富貴宜牛羊

同邑葛津南　繼常　拓於止溪陳氏

時在道光己丑　初渭南吉金所見係

忘有此錢，其文與余長母相憶錢相近

承宰偶誌于古香同臭室

太平錢

光幕

太平百錢

太平百金

舊譜曰錢有三種大篆小篆隸書皆太平百錢但字有方圓形有大小

又有水波紋及龜背者

顧烜洪遵皆謂此錢文字多殘不一且厚減

# 五銖錢

畫上川

星下川

挂兩

陸考曰環未有病桂錢及鵝眼鈌但兩桂布西鵝眼徑
滎過鵝眼宋景和中鑄李七子美仿以乃梁鈌川也

面文五字平
南四星穿上
下為星劍符
又四出眾星
環之奇品也

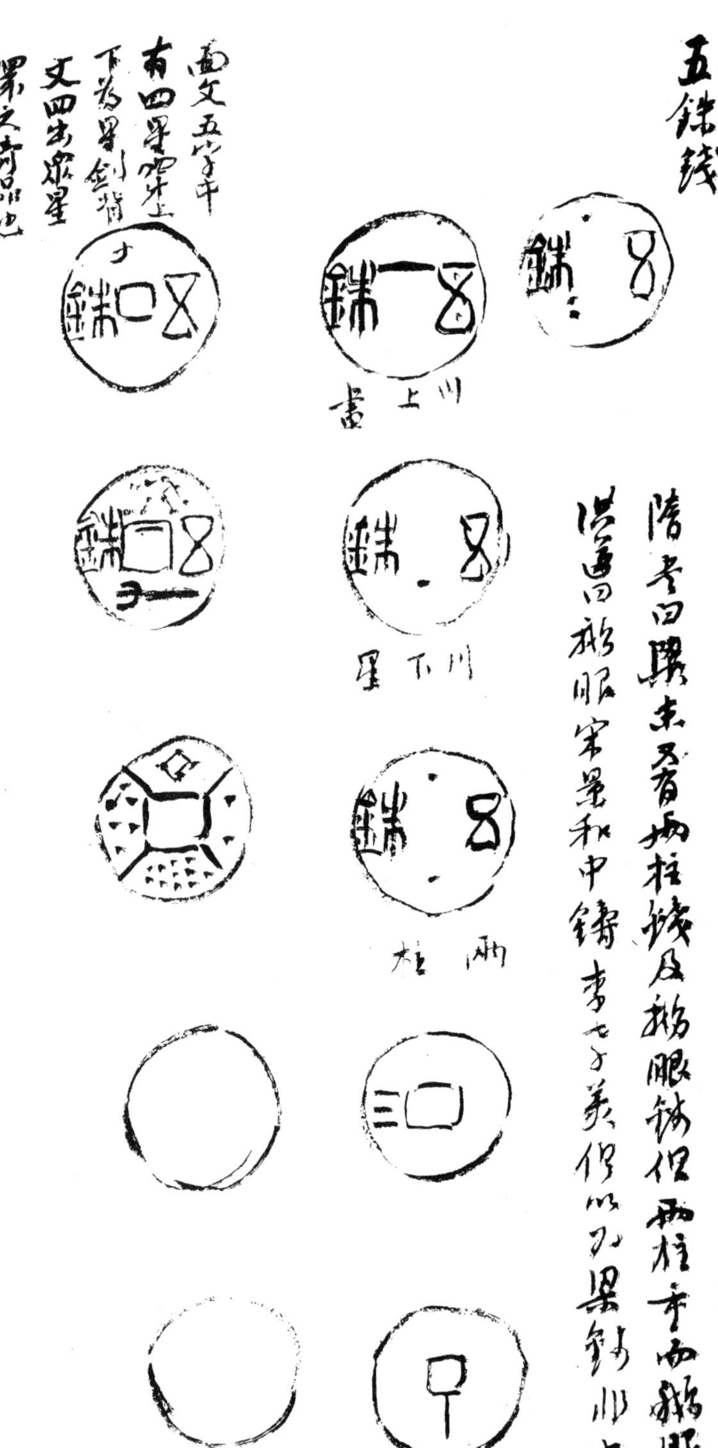

五金錢

徐氏曰文曰五金

洪遵曰此錢徑八分重三銖六絫字文明瀫製作甚精

五朱錢

洪曰錢徑七分重二銖一絫製作簡古銅質純青文坦平外輪有緣今世尚有之

天下太平錢

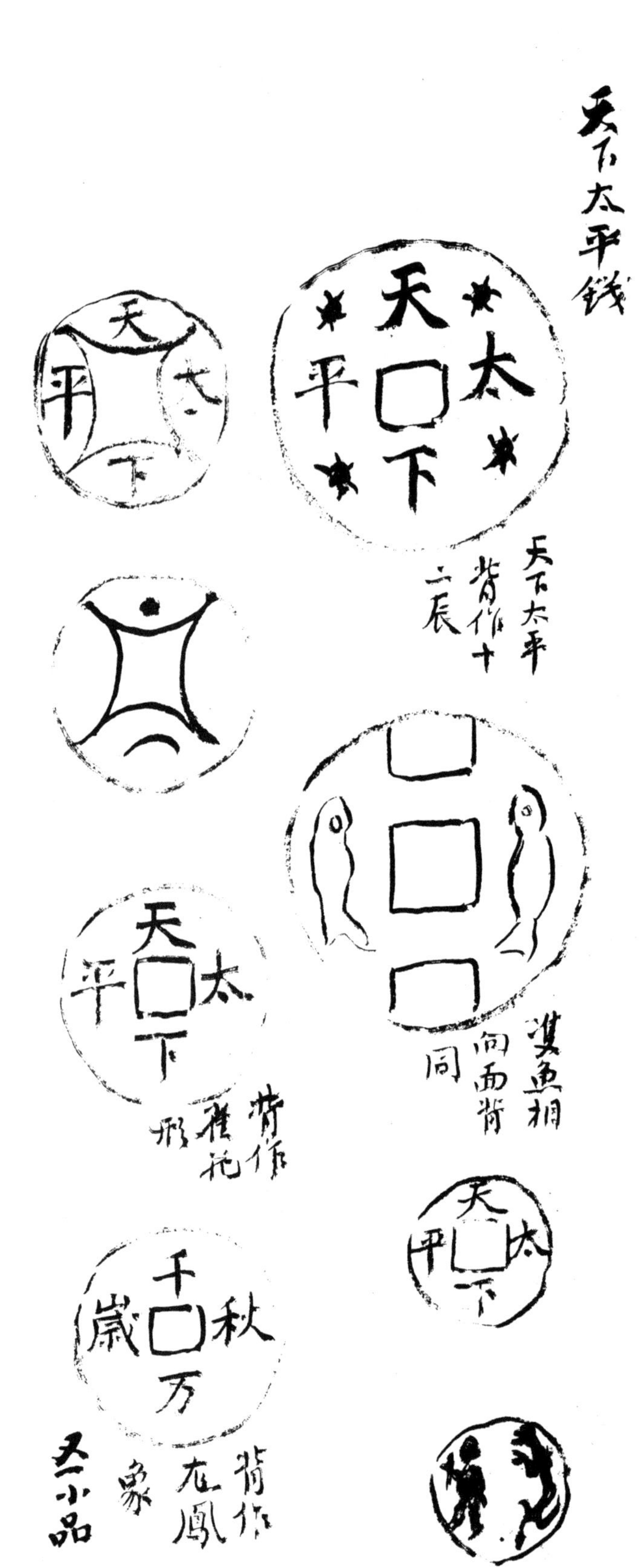

# 梵字錢

洪志曰此錢徑八分重三銖六參銅色純赤
文不可辨大抵尼默吐蕃錢
形質甚古其字般承奉不有舞同法錄
屢經梵字抄七樣

面背文皆凸起面四梵字傳形背左右二五
字上下似山虎頭相向也

乾字錢

天字錢

金剛經錢

上乾字　下元亨利貞

錢藏庫曰八天字面背同
錢甚古又有寶字錢背多
四寶字　順下異不同

銅質之古文字之精勿以舊譜所無而
忽之

博戲錢

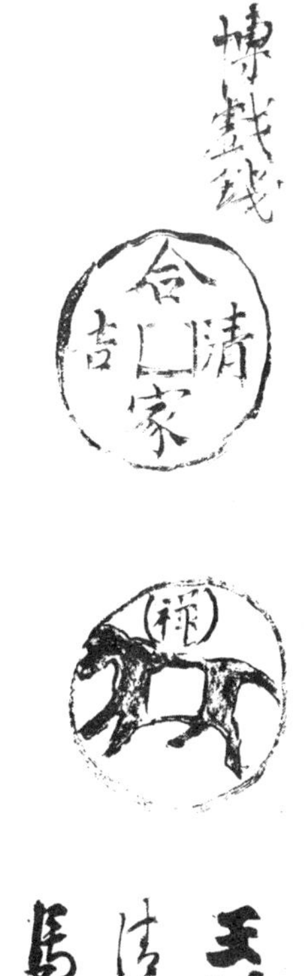


出入通泰

倪老已去墨猶留
墨少名多八百秋

王圻稗史彙編曰博戲錢中和鑄錢曰合家清吉錢以道衰錫有瑞曰出入通泰鑄有馬稱長生不老錫以雪白花草圍圖之室

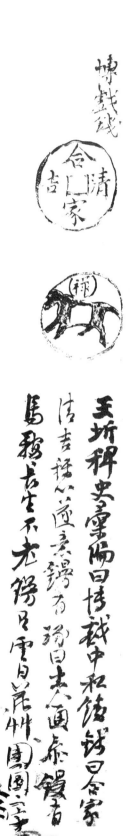

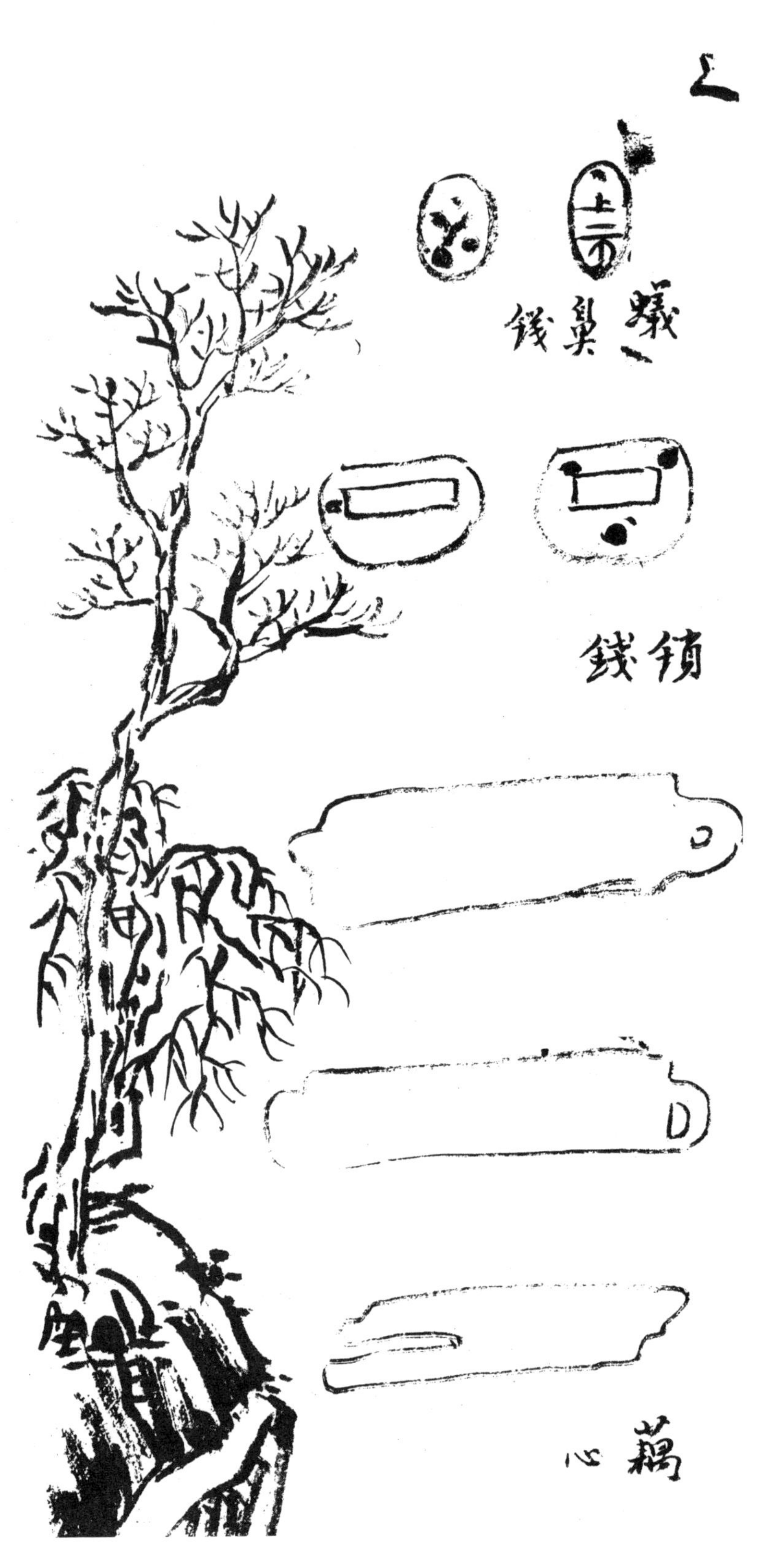

蟻鼻錢
錢鏑
藕心

## 馬錢

王圻曰秦將散騎錢錢有騎馬將軍

張綸曰面文只上下千里二字者有上下黃騮二字者

又有左右篆文字書二字者背皆爲走馬之形

張端木曰此錢徑寸二分重十二銖穿下有馬形背文無字

或云李易安打馬格所用恐是臆說

唐 尉 將 遲

追 風 之 馬

蒲梢馬見史記梢字才旁今作木特誌一別字耶
蒲梢
白義
綠耳
千里之馬
白驥
綠耳
朱龍
綠耳
烏騅
綠耳
烏騅
白驥

將為人
執戈騎
馬之形

唐明王
有玉花
驄

秦
將 起
白

渥
洼

盜 驪

山 子

赤
兔

將
馬

將
馬

騄
騎

龍
駒

馬

龍
駒

王
華

拳毛唐
太宗六
馬之第
四平劉
黑闥時
所乘
特勤驃乃
馬中之第
四平金剛
時所乘今
背為一人執
弋馳驟狀
拳毛騧馬
魏騎驥足
雲中
鄂公特勒
吴騎渥洼
騕褭
騕褭
齊騎青駒
漢將李廣
千里一日

赤　眞

趙　騎　特　勒

追　電

馬

騅　風

命錢

王圻曰命錢鏝有十二生肖

張端木曰此錢舊稱命錢有地支十二字又有十二生肖形

生肖之説始于淮南子則此錢不必出於近世也

又兩四十二辰每兩六

五兩大布錢 極少者

五布錢 葛洋甫得之 徐季珊

又大号

## 星官錢

錄星獸精類今世甚多舉皆佳者聊存數品星官二字泉志已有之以摘以名錢云

陸叙庵曰面文作星官象背曰一夕玉皇詔爲君功行成分明五雲裏拔宅上三清

福
保
柏

德
福
長
壽

本命之神

辟惡錢

張研庵曰此錢作星劍龜蛇象下面皆一九法氏所云銅色純赤字畫古雅面輪郭上下星環左右互有角且大爲罕覯

大吉錢

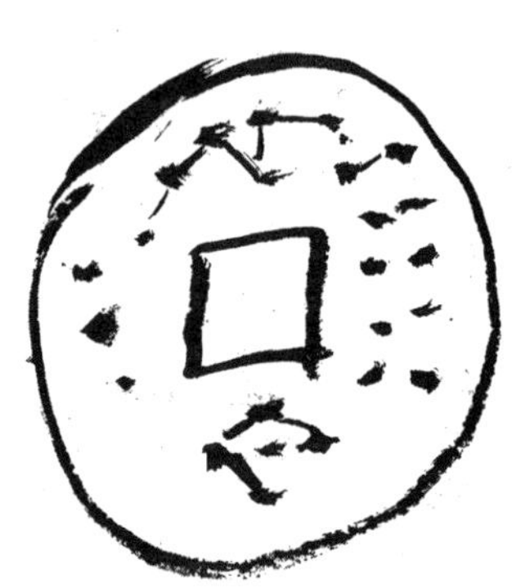

光舉

長命富貴錢

張叔度云幕為龜推四時象

長富命貴

花香供養

三古一種 星示

又有陰陽神靈 太等 天地神堂 照小

神靈威應 陰陽靈應

其二種大五倍

有作雲紋十二十

二生辰文

一作對錢隸文幕作

三辰

富貴長壽
長壽富安

錢上有柄
竹形祝
壽之意哉

形製甚古頗似半兩
錢無輪
郭面文
止一大字
背文平坦

大

金玉滿堂

長發其祥

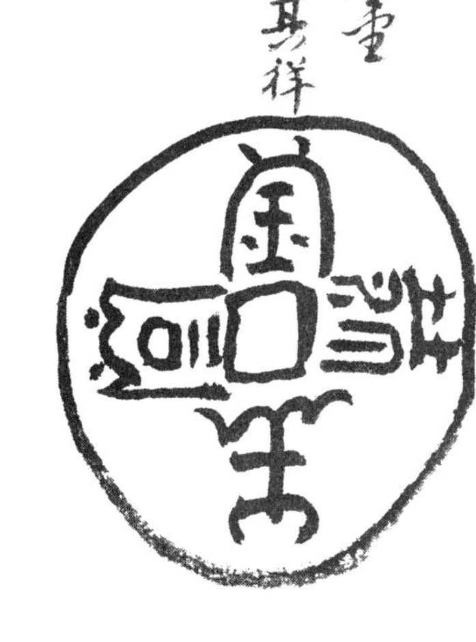

福壽

葛泮南得此錢于道光乙未，重九錢，背作十二辰。陸霈蓀《續錢志》云：北極真武玄天上帝化身也，名金闕化身錢。

古銅牌

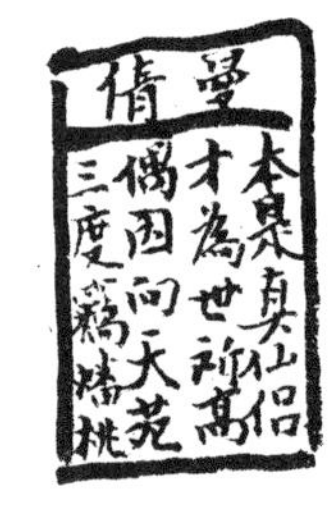


面為東方朔捧桃之象背有五絶一首曼倩二字製作是宋代物此牌雖非錢類亦泉志載古銅片齊歸化之意云尔

古翠斑斕可愛面文福祿字背為蟠龍之形

古朴之極上厚而闊下漸薄而狹上下似俱有殘損面為大吉利三字背隆起一五銖錢但孔不穿之

## 四眷錢

見鮑庵曰四眷錢幕平〻而半兩狀而漸隱
雲鶴形
按此錢面文作男女八人交媾之狀所謂厭勝也
董逌引張台以為北魏馮世鑄

## 釋道錢

大興平寶　道經師寶　玄聰道寶
丁口　金圓世寶　佛法僧寶

一道經師寶
一金圓世寶
一玄聰道寶
一佛法僧寶

此錢形質字文甚古有似宋代鑄
者有似洪武永樂鑄者
張鮑庵云又有北宮通寶五方之元寶
俱楷書不知何世

萬劫二字不可解，其錢的甚古也，頌庵謂所未有，諸甚多年來之奇

二重二輕

二楷二篆

張駿庵曰畫隆元寶廣東多有之，此外亦有

唐平通寶　延平通寶

宣和祐寶　陳瑞采疑外國錢　大世通寶

大元通寶　天元通寶

应彌通寶　大治通寶　大治元寶

世高通寶　金帶通寶　皇元通寶

開定通寶　開福通寶　保泰通寶二

永盛通寶已　永壽通寶楷作三體　景興通寶背有工京山西中各字　景興巨寶　景興用寶

景興永寶　景興泉寶　景興大寶　景興正寶　景興中寶

景興內宝　景興至寶　景興重寶　景興太寶

昭統通寶正　景盛通寶（一）　嘉隆通寶　光中通寶工

龍朔泉寶　天冊萬歲　大德通寶　延祐　至治　泰定元史不載錢與至大等錢俱奇仿造耶

寶永通寶　福平元寶　淳豐元寶　景元通寶　始元通寶

昌國通寶　元順通寶　紹泰元寶　周寧元寶　寧民通寶

龍朔唐号並無鑄錢此後人仿丸封尔寔所爲

安南錢以大寶　明德　光紹爲少　紹平　大治　大貝　端慶　大正　廣和亦似張旧

和同開珎有如人馬形二種又有十二字文年俩大來如典脫部六十四萬　永寧又有開往通宝背有二天大佀錢

有寬永皆文淳化元宝　又寬永通宝皆有

日本錢永久世用又有不珎字以銅所爲　琉球通寶長圀錢与天保錢同　又大世通宝

胡君查于腊残中云：当以大宋拓书当十大观加咔，诸伯宝以五十金购之，云是蔡京书也。高氏

刻本世拓纳合宝钱，有金银铜三品。极少。陆永未所拓，背有使字，下有押。

蔚剑录异品泉，有天遁之宝。应运元宝，永安一千，以半两行。重熙太平，应历少极。

金大定二年。又泰和小平钱，真书篆文精。又有金国世宝，日本古泉家谓是金初铸。

金章宗承安宝货，银钱，度全，脚书。钜福之宝，铁铸。

元至大至正大元三等，不多见。有大顺通宝小银钱。元贞大德，延祐至治至顺，又有大小品。

胡君云：明有元皇庆泰定致和元统等品。元末天佑龙凤天定天启大义等，少，又极精。

洪武背有外形。此外二七大钱，太祖始于之说。建文钱，以永乐毁去，存极少。洪熙景泰，极难得真。天顺景泰

六品真者。成化钱最少，但有伪人补铸。正统通宝与嘉靖钱有五等。初间正德有一尤一珠者。万历小钱背作龙凤形。

又有万历小银钱，背有矿银字甚清。又有此当五大有铜钱，背文八笔字者。泰昌通宝有背文作洪武一万历。天启

天启品类极多。崇祯有当十大钱，极少，背文无异多者。

大明通宝、永历通宝，日人谓郑氏奉桂王之号永历，承取之也。明末伪品：永昌、大顺、兴朝、权氏、昭武、利用、洪化。

南国异品：大中通宝、乾元重宝、韶仕进宝、刘印平安、尚宝府宝、金帑通宝、泰常通宝、康和重宝、政和通宝。
华周通宝、大平宝宝、通禧通宝。

# 外國品　日本國錢

舊譜曰日本國錢四品並徑寸重五銖其文隸書一曰和同開珍二曰神功開珎三曰萬年通寶四曰隆平永寶其國延曆中所鑄

和同開珍

慶長通寶

寬永通寶

慶長明萬曆間日年號也

寬永三年明天啓四年也

徐葆光曰謾有一文字者稍精謾有多種如元小仙佐足長千俱又有作鱗文者有鐵有白銅者

## 高麗國錢

海東通寶

三韓通寶

洪志曰有真行篆三體製作頗精徑九分重二銖六參

孫穆雞林類事高麗做中國鑄錢國人以海貿未以爲便

東國通寶　又有篆文　洪遵曰此錢徑寸重二銖四參

朝鮮通寶　張端木曰朝鮮自晉永嘉陷入高麗洪武初李成桂篡立遣使朝貢詔高麗國更號朝鮮則朝鮮通寶鑄於洪武以後始有之而今所見者甚古

安南國錢

陳公新寶　明史洪武時有陳日煃為安南國王疑是時所鑄

順天元寶　黎氏官僭稱帝于安南年号順天

紹平通寶

大寶通寶　明史安南國王黎麟改元二曰紹平曰大寶

大和通寶

延寧通寶　又黎濬改元二大和延寧

天興通寶　黎琮錢

光順通寶

洪德通寶 黎灝鑄

景統通寶 黎暉鑄

端慶通寶 黎誼鑄

洪順通寶 黎明鑄

元咊通寶 黎寧鑄

明德元寶 莫登庸鑄

大正通寶 莫方瀛鑄

外國不知年代品

安法元寶

太平聖寶

太平豐寶

咸平元寶

祥符元寶 往陽香山祖誠 形模字文与安法 元宝無點真毛異 蓋一國所鑄

天聖元寶

治平元寶

治平聖寶

元豐通寶 三種

元祐通寶三種　紹聖元寶　元符通寶　皇宋通寶又二通寶亦係篆文

聖宋元寶　正隆元寶　大定通寶

尚書亦作當

拓篆模文見

永樂通寶　弘治之寶　熙通元寶　咸統元寶

者一刀平五千

一刀二字金嵌

之　其契刀

五百去係銀

嵌果平

廣政通寶　正法元寶　天符元寶　乾符元寶

祥宋元寶　祥通元寶　祥聖通寶　太聖通寶

大聖元寶　紹豐平寶　紹豐元寶　紹祐元寶

紹性元寶　乾元通寶　紹元通寶　聖通元寶

天通元寶　漢通元寶　漢聖元寶　永平通寶

紹平通寶　此泉余得于市 紹平聖寶　元隆通寶 製極粗薄而小 私鑄無疑

開建通寶　開聖元寶　牡元國寶 錢不可解甚 亦不足重也

永定通寶　泰德通寶　崇明通寶　元通通寶

正元通寶　周元通寶 私鑄　背一宝字 周豐元寶

祥隆光寶　祥光通寶　安康　建康　建順　天明　立元

永治　治元　祥元　政和　正和　太和　堅利　正元　正隆

景定　天元　余有一錢文曰箱館通寶不知何國何代造一藏於

海上友人云此係朝鮮封箱館乃其一郡名之錢母乃是寄也

鉛錢

本不足取今第見年號甚多不能備錄代類推舊人載於動之例也

洪文安遵泉志 古今書 李竹朋 三六珠爲鋪 著古泉滙 高翰伯 焕文 癖泉臆説 六卷

明 董遹 錢譜 盛大士 泉史引 壽山房泉攷 十六卷

初尚齡 吉金所見録 沈士謙 泉譜 泉拓拾遺 一卷

張炳瀛 倪臣存 古今錢略 二十六卷 計五十餘枚 吉金圖録 十二卷 吉金所見録 二卷 [illegible]一卷

江 戴文節熙 古泉叢話 吳清卿本 未刻 陸南軒 續泉志 五册

鮑子年 泉説 已刊 馬伯昂 貨布文字考

陳壽卿介祺 續泉説 南海 張[illegible]仁 金石亭[illegible] 吳興[illegible] 陳小舟 中[illegible] 耕園 [illegible] 未刻 貝園山 [illegible]眼

唐翰源 泉幣彙考 八册 吳縣 蔣蘇臣 名佳翔 著選泉集話

鮑子年 刻觀古閣叢録 又續刻十六 內大泉圖録 泉説叢話 平湖 何雲表 稿臻 吉卷 選泉叢説 四册

李東諾 之珍錢圖録 李鈔百圖 和泉彙 仁和 張[illegible]伯 隱之 吳鹏臣 著孔方小志十八卷

孔方圖 鐘 劉氏泉譜 五種 [illegible] 王[illegible]卿 [illegible]

京師 李寶台 蘇[illegible] 作[illegible]泉 [illegible]

國朝 順治通寶 大泉背寶上十字右兩字 如天啓當十

發逆太平所有大錢 類當十 又有 天國通寶 皇帝通寶

高氏翰伯云 古泉之難得者 如永曆 興朝豐貨 唐之建中

大曆 宋之康定 靖康 元之皇慶 至治 明之建文 成化 歸

瑞將知寶貴

順治康熙之背有 京 武 延 鞏 川 黔 各種 稀如星鳳

與閩之楊氏錢相埒

咸豐大錢 當五十 當百 當五百 當千 此之無稀 亦有當二百者

欽賜品 高收 風調雨順錢大與淳祐當百埒 又有 （圖）

雜幣 泉匯雜出下層泉

零星買太巳藏悦承光錢手抚四蝠白多泉　一小五銖出范叉　背文大利陽字

二四出五銖　一天寶通寶　一大明通寶　一龍鳳也五　至正通寶　背一文字　一大福鎮寶背上察字

一慶長通寶大　一咸平重寶背斗野　四出陰中陽如四角中　二兩五銖其角　一北泉三十物　五四十餘大小不一　太中同

一崇禎背上跑馬　一大祖民　一秦泊　三常平五銖　二馬錢　四甘刀　各文多式　一山冢元　一工王五銖

一五銖背下一不一字

外國品

吳下漢昌王氏黃齋收藏古泉拓本

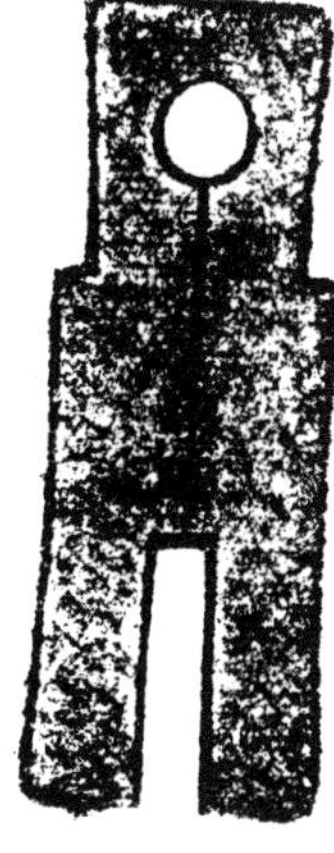

一吾中四千年已有泉於世余于秦以前不論宋錢者以前取其善者明以前泉其精者　本朝以用且明之

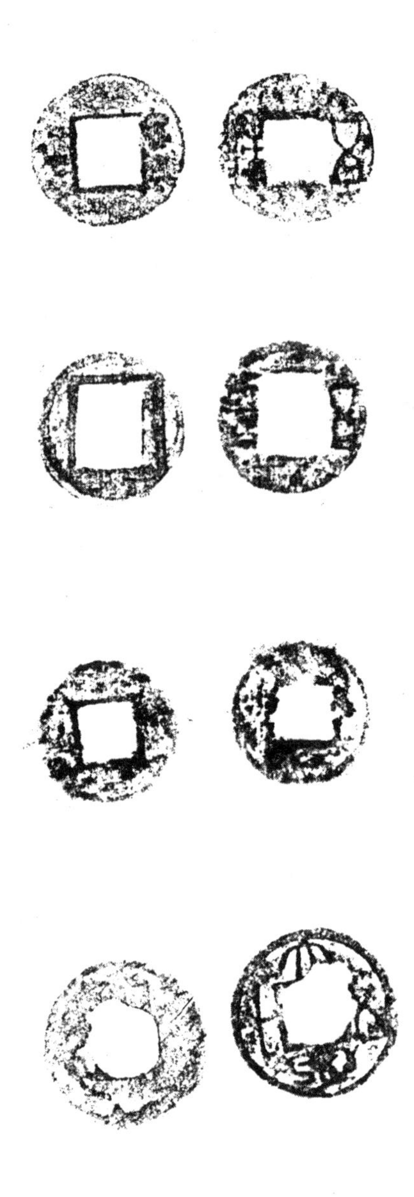

十
大中通寶

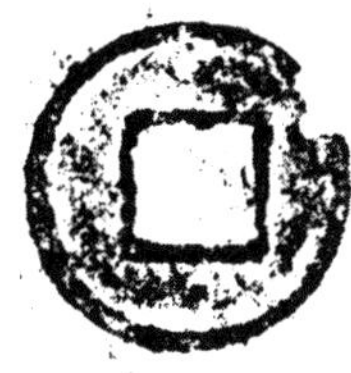

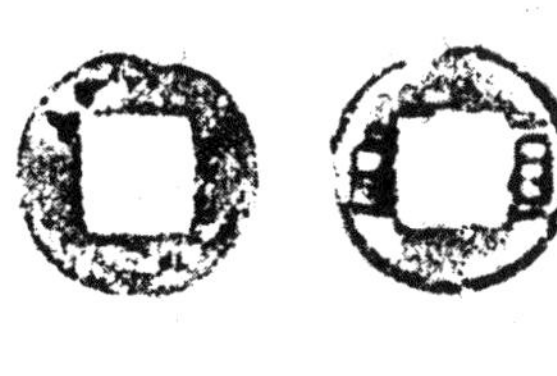

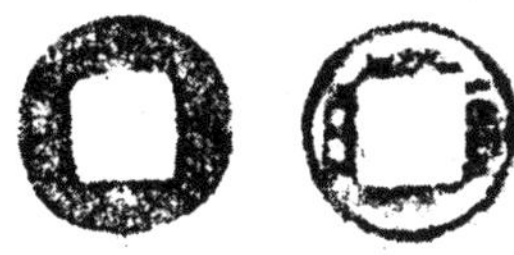

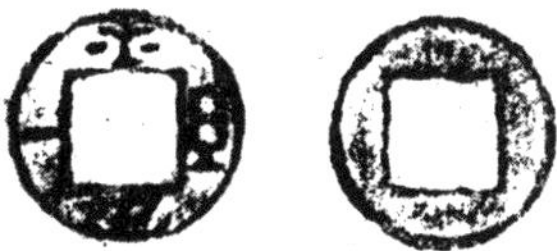

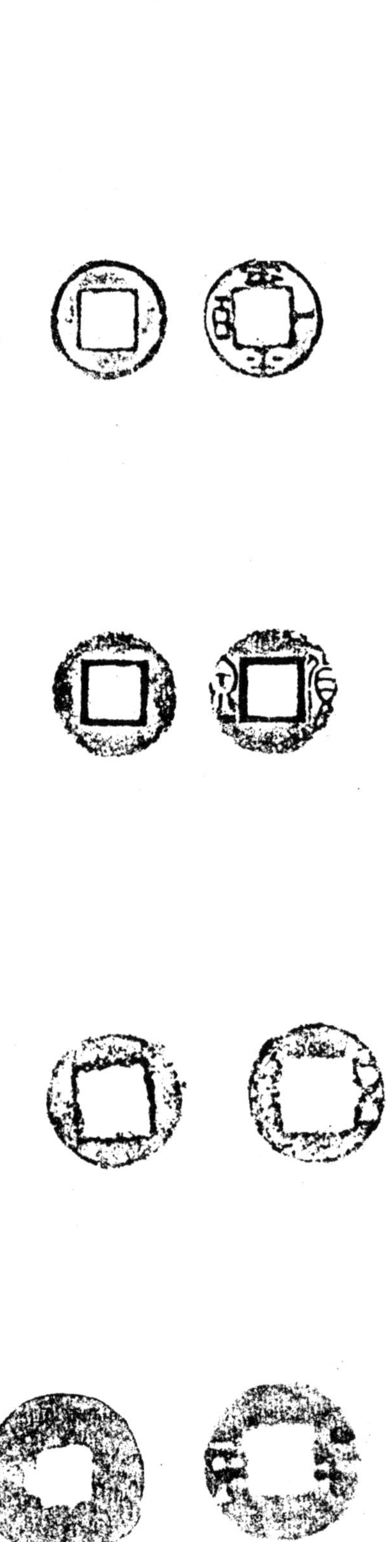

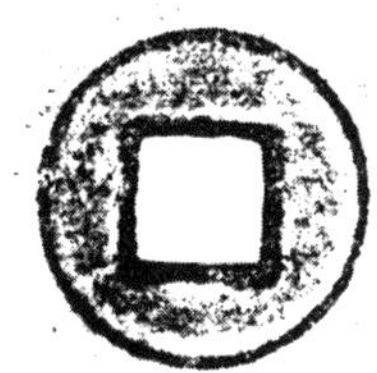

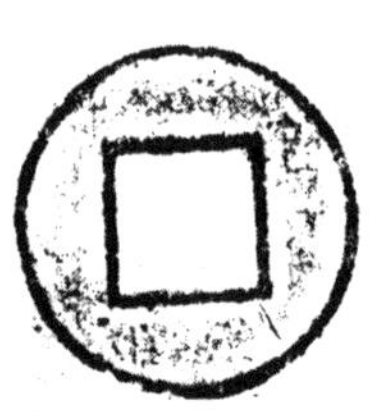

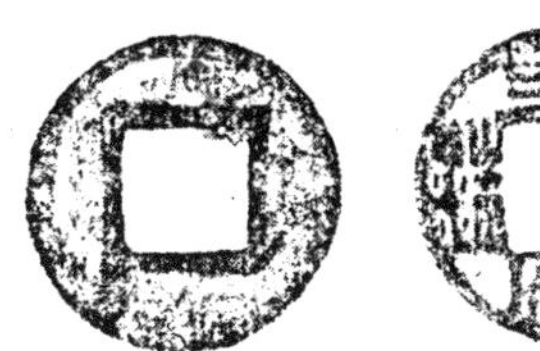

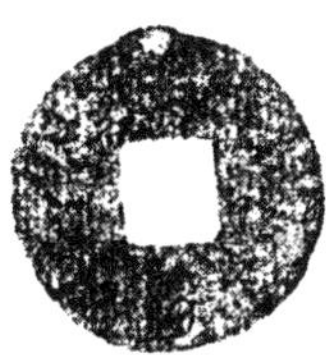

乾元重寶

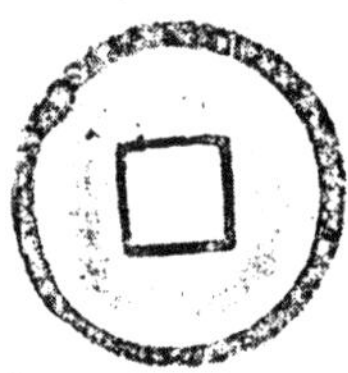

開元通寶

太平通寶

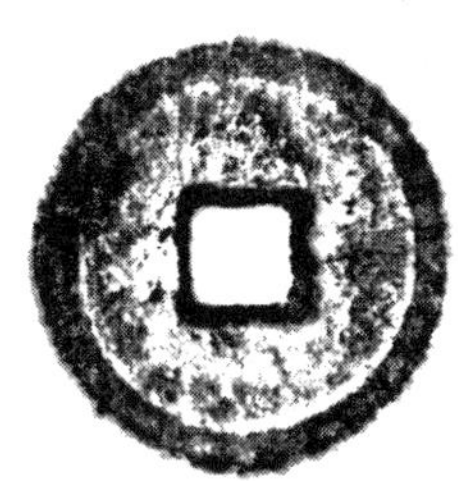

宣和通寶

日日生財

時時進寶

崇禎通寶

端
平
通
寶

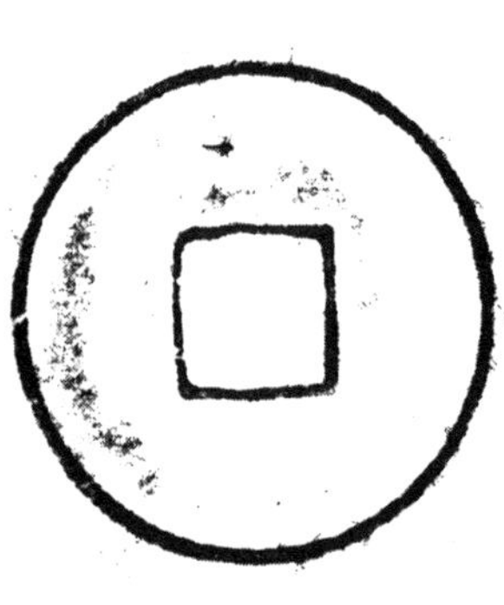

大
觀
通
寶

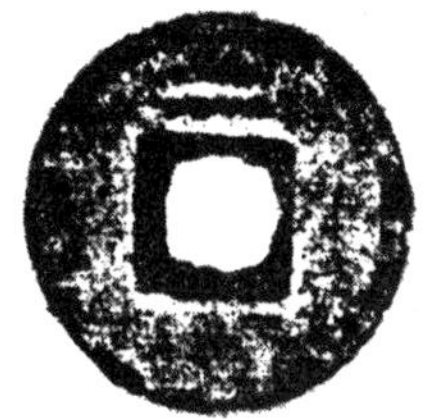

對文同

卅二文得之友人吳天如

天寶一錢背文户字似屬明

天啓之文要是天要錢耳

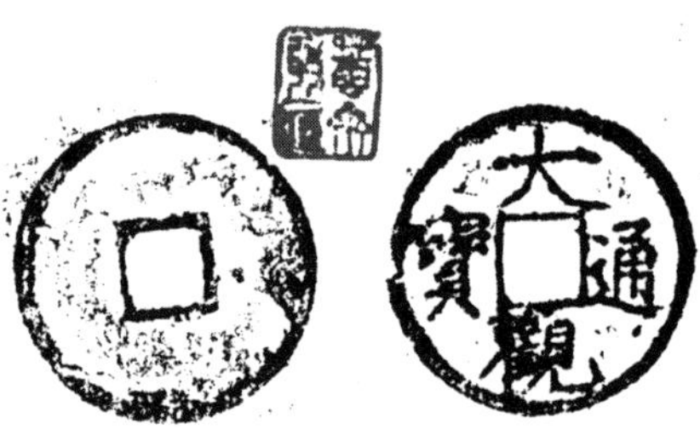
大觀通寶

光緒通寶

六朝正品

隋文帝置錢以千爲之[illegible]大千[illegible]雜目[illegible]以爲此[illegible]郭精[illegible]
厚五銖肉有[illegible][illegible]漢五銖[illegible][illegible]難識

隋文五銖名白錢

古錢拙曰漢武帝元狩五年鑄三官五銖錢周郭其質[illegible]不[illegible]取銘[illegible]重[illegible]中[illegible]
王莽[illegible]錢[illegible]光武復[illegible]靈帝背作四出文先主加直百字孫權[illegible]不同所改
吳[illegible]三種[illegible]五[illegible]以五銖爲文[illegible]陳[illegible]比云[illegible]小千五
錢其及六朝[illegible]五銖之文或爲二銖四銖六銖或加年號或加吉語[illegible]文字[illegible]未詳

隋五銖白錢 五字左邊有一豎畫

穿下半星

錢志張台曰背有好郭謂之公式女錢皆象好郭此謂之女
錢其旋民間私鑄有不精也 羅[illegible][illegible][illegible]謂之公式
女錢因其時布錢名男錢也

蓋同神

楳皆竹笑軒主閲

# 如是觀偶録

眉公先

妙不

機不可失時不再來 [illegible] 其爾

爲曾帥招降金陵偽天王書 李鳳翎少珊



蓋聞神器不可以詐假大業不可以力爭昧順逆受誅戮
識時務者爲俊傑自爾等稱亂以來計已十餘年矣荼毒
生靈不下數百萬矣順逆之理姑置勿論足下亦當將成敗
得失禍福之故猛然省悟通籌而熟計乎足下現成騎
虎之勢雖有悔悟之心無由自達此足下之苦衷也然有
絕好機會可以轉禍爲福不特救生靈保九族並可垂
名竹帛反成正大之奇功機不可失時不再來足下其爾

知之至乎今日不遑以宣言勸足下而先將君等所以自取滅亡之由為我

聖朝超越前古萬萬無可抗逆之處一一詳陳之如足下祖宗有靈則願熟玩鄙言毋忽從古草寇倡亂如漢末之黃巾唐末之黄巢元末之劉福通徐壽輝張士誠陳友諒明末之李自成張獻忠皆值主昏國亂天命已去人心已離乃敢乘機起事然且不旋踵而盡底滅亡其故何也天道好生而惡殺凡為戎首理必先亡也至若

重興羣治之四。

敢無失政。民不離心。從來有平白發亂者起。殺機。今君等耳。以君等之發難。視黃巾張李百不逮一。又況蕭楊洪韋之現報內亂。相尋。自相仇殺。足下當能憶。習當事。知其謬。一也。自古布衣得天下者。惟漢高祖。明太祖。後世亂賊皆無成擬二君。不知彼值秦元運終之後。為天下真主。而又有陳項張陳之輩。先為之驅除。且皆五六載即成帝業。君等偶亂已十三年矣。豈亂端於

聖明之世，身為禍首，而所踞之郡縣，又曰改曰盛，豐羽之鄉咸為

軍，君豈猶在夢中耶？其謬一也。治曆明時，閏所以成歲，始自

羲皇堯舜，載在尚書，月望圓，月晦則闕，昭然共見。君等

妄欲更之，經書晦朔一概顛倒，是謂逆天。所改支干如子好、

卯榮、亥開等字，尤可詫。天父下凡及六日造成山河等語，皆

鬼魅妄誕，令人欲嘔，其謬三也。孔孟之道與天地為無極，

今欲以耶穌之邪教壓孔孟而奪其席，此乃古今之奇變，既

為天理所不容，即為人心所不服。以此惑天下而新其耳目，此與

黃巾賊所云蒼天已死黃天當離當立何異，猶不思黃巾等賊後果作何結局乎？其謬四也。禮，惟天子祭天地，諸侯以下皆不敢僭，且祀典所稱，尤重帝明王所首重。君等稱天以滅諸神，於天則每食必祭，褻瀆殊甚；於神則見像必毀，兇狠甚於獸。凡先師之木主、關帝岳王之遺像，皆一律殄滅。無識者或反以神無顯據，疑其等之有所自來，不知天之所厚其先處而降之罰乎。羣孽之貫盈未極，鬼神亦有常語之時，待其力盡而報之，將報愈速而禍愈毒也。君等平白倡亂，殺害生靈數百萬，殘滅神像數百千，富貴勳名不可期，究孽積不能解。若楊洪韋等，既伏天誅，只可困守孤城，而欲高枕無事，其謀左也。凡此皆彰明較著者，無煩以理言也，請再以勢言之。天下一十八省，今奉天為十九省，又只當古之四十八郡，西藏回疆皆歸本朝之版圖，君等所踞者，惟存江寧一隅，與此疆常相較耶？無城，欲懷異志，指日克復。又況城以外皆我所有，此猶九牛之拔一毛耳。猶示中國稱弟園來國，豈不可愧？此廣狹之差不可敵也。自官軍克復安慶，進紮雨花臺，而金陵久已受困。臣前惑有逆匪接濟糧食，大是，今又嚴禁斷絕。金陵一城地廣人衆，糧食須多，勢必取諸蕪湖、鎮江，及九江、安慶。守城之賊皆痛識狡黠者，人為首，為君等死乎？此弱(守字)。而翰知不可敵也。自圍金陵後，即責各逆酒淫縱驕奢，又加以猜疑忌刻，楊逆謀殺洪逆，反為韋逆所殺，石逆又識韋逆禍起蕭牆，自相魚肉，此種音容足下自思當亦寒心，然則足下所得自主也。況當既爲天將，假知以為如此，則如罷也。君等如此猜忌，其重用者皆信從私親，黨羽之衆，然若不堪想。進者十無一九，獨足下勢。

耳。此根本之先撥也。君等起事之初，以假仁假義愚天下，禁擄掠，禁姦淫，禁殺戮，人亦頗為所愚，故所過郡縣，迎附者有之，犒餉者有之，願充鄉導者有之。此不過權耳道籍之術，其實君不能行也。不擄掠則衣食無從，況天下皆甘受飢寒之賊乎？處處皆無賴之業，雖係其不為亂事，自不殺戮者乎？君等知其如此，假取一二尤甚者殺之，以愚黔黎而欺之。然其所為，百姓則皆已看破而深恨之矣。從前百姓畏賊，十數人可以横行鄉里，而今則處處團練，人之怨憤，一觸可得數十萬人矣，皆荆棘矣。君等一人也，非有三頭六臂可以嚇人也。百姓既窺破君等之伎倆，而又屢遭荼毒，財物被爾掠，房屋被爾焚，妻女被爾淫，幼孩被爾擄，其推之卿官者，又莫於誅求無厭，枷杖難堪，焉不傷心切齒，屠起而攻者乎？是今日之民情與前大不相同也。君等在廣西時，郡縣已命之讞，恐不畏死，其財承平日久，官兵多未經戰陣，是以當前之鋒，驟君等並肆無，謂天下無人，今則歷練十餘年，官軍之精銳，殺吾信氣，我湖南兵，尤稱義勇，楊江楊鄂，眉清全皖，順流而下，直寫金陵，疎其內懟，郵寄悻下，水陸數十萬，自經數百戰，師所遇

獨編不足亡矣，能者也

國家氣運，而爲此加勉，推而測，有足下當知，原知也，足下在廣西時，粮儲聚於一地，都爲佔知，今則散爲數十起，勢分則力薄，日久則氣衰，從來

者遠不如前，又見死傷過多，如曾天養、羅大綱等後先被戮，莫
不灰心解體，各路官軍又復蒸蒸日盛，窺破伎倆，屢戰不疲，是
今日之軍情事勢大不相同也。以理言之，以勢揣之，彼足下試平心察之，可
有一語之不確乎？凡舉大事，在識時變，使足下等輩生於漢唐元
明之末造，或者有冀。會值我
聖朝全盛之時，忽萌此謀，則算之非其時矣。且足下亦知我
聖朝之所以萬古者，固大有所在乎？自古得天下者，三代以下，以漢明爲正，然一或爲
亭長，或爲寺僧，於前代猶有君臣之義。我
朝得天下於闖賊，與前明爲敵國，迨明運告終，中原無主，吴三桂請
入關定鼎，葬明帝以禮，令臣民服喪三日，褒崇死節之臣，自

唐虞以來未有如斯之盛者。以統之盛，此其一。

聖祖仁皇帝臨御六十一年。高宗純皇帝臨御六十年。禪授之後，又三年而後升遐。享年之永，冠以一朝，視梁唐晉漢周之五代而猶復過之，自殷中宗以後之未能比者。國祚之長，此其二。

本朝之疆域，中國既大一統，又合以東三省及內外蒙古、西藏、新疆諸部。緬甸五印俱至，暨臺灣海峽、陸路之郡縣以百餘計。外此如俄羅斯、琉球、日本、朝鮮、高麗、安南、交趾、呂宋諸國，莫不奉正朔，執贄修道。三代以為開闢以來所未有，幅幀之廣，此其三。我

朝以武功定天下，入關以後，滅李闖，夷吳逆，殲如燎火之見太陽。康熙初，吳藩倡亂，天下幾失其大半。

聖祖年未弱冠，次第削平。以後如平準噶爾、平青海、平大小金川、平野諾平

臺灣、平西藏、平回部、平川楚教匪、

天下所稱皆不虛者。武功之盛，此其一。自古宦官女禍，至漢唐明而極。

漢之十常侍、唐之門生天子、明之九千歲，以及呂武諸后，皆焰熾千古。

此則不可枚舉。我

朝宮闈肅穆，六宮不過六品，如斜封墨敕及廷杖諸弊政，均一掃而空之。

家法之善，此其二。前代人主多耽安逸，明神宗二十餘年不見大臣。我

朝自列聖以來，無日不召見臣工，文官知縣以上、武官守備以上一一過目。

輦轂之間，纖悉無間，萬里如邇。

天威咫尺。所謂禮樂征伐自天子出也。政治之隆，此其三。國祚之存云。

諛臣以之頌聖，不可諛為。康熙雍正乾隆之朝，普免天下全租，左

七次。分別殄滅，奇累難以。來不可勝數。今
皇上不動聲色，芟戡大難。用兵十餘年，田不加賦，戶不抽丁。
恩澤之入人深。且久。以故賊踞城池以外，即此賊與賊之後。辛卯春已。
移掠之邑。依舊完粮。賊雖盜寇屠戮以威之，不能禁也。人心之固無貳一。
以此是之深仁厚澤。而欲以悖理失勢，逆時之業，敢望鼓爲抗天兵。
是自取滅亡。至死不悟也。豈不哀哉。雖然，足下以既成驕帥之勢，即亦
皆不能中止之情。閣足下之立出於不得已。又性慈，不好屠殺。本年五月內
獲殺出老稚五千餘人。即此一端，爲獲有轉禍爲福之機。現在戕首者
殄雖足下獨存。或不在劫數之內。僕是以不惜苦心，扶摘相由。願足下及
早回頭。如果以鄙言爲然，即於迅速一信。足下大兵雲集，水陸並進，足

下不一書，奎曲寫戮，如能將金陵全城納土悔禍，城中窖藏有千家，
概令薙髮，改編軍籍，江南者立即遣散，歸東者各資遣返
田廬，免其追逐。俾生平以忠厚待人，斷不屑爲欺詐之舉。且
足下獨不聞李侍任湖南陸軍門中黃白張宗禹乎？投在廣西投誠，特擢
聞官至一品，名聞天下。又不聞福建之楊張從龍、黃桂林、林諸人歟？
我朝乃復許鄭成功之鄭將軍，後嘗鄭氏將亡之後，設諭附及臣之儀，
第十五分二百餘年矣。熟得熟失，何去何存，在足下自擇耳。此日金
陵合圍，不日可破，若足下能解散羽黨，改而歸誠，留勁卒一二千，馳赴蘇杭，共
擒各逆上報
朝廷，不特義情封侯，不拘於向子，楊仍抽鉀歧跡，春秋家城，名孫

其我可據對之道一路，更益吾之地，將欲回竄兩粵，而贛寧不能允復越浙南，更與精兵團練則愛之同仇，豈有則終之解體。復時，麾下之士必有謀獻其下之前，以自取功名者，況其不能不毛罥怵然乎？吾宜大計者，視乎勢，廣東兵威正盛，廣西江浙南援兵數萬亦克平桂林四洋吳府，前有勁敵，後有追兵，吾見其下之束手就擒也。昔蜀之如孫權，以江北為戰抵之，扼長江，輔重空能允復如此乎？之下策也。昔項羽以拔山蓋世之英雄，漢兵圍偪，卒刎烏江，皆在大勢故也。僕為其下設身處地，反覆思維，進退皆無善策，惟有敬謀擇順一著，主地見致，不惟保全宗族，尚可立建奇功，其下其果擬然者惜乎？僕帶兵九載，身經百戰，蕩此敵敵大張之滅者不少

勅今賊勢方窮，何反妙作說辭，識余天人厭亂，趨逞悖謬，不忍生

民之塗炭，乃開其下者可與為善之路，而愉植千載醉之會，其權

識欲先擯至下裁答之，姑因之言為望

生可說法，頑石點頭，一紙書賢於十萬兵，古年曾有此語

據理審勢，洞見癥大學問經濟，超群軼倫，道宗亦許其身仁心

此等理勢之義，說得透快，華此條得恩威並用之法，務逞有知豈不

怪之，不動情乎，破城之後，自至而李逆投誠招降，不果，竟使叢

將率咸不自知，勸鍾義為大局憂，其中變動多作，殊惜其

時耳。　丙寅首月少農弟恩業拜讀

僞天王得此書後日即遣人賫回信約期獻城未及期

而事洩遂爲戍自呂種援統帥勳賊數十萬科接降約道

予果時賊圍西花臺軍營數重連戰七晝一夜余自痛

夜讀僞回書之道石陵嚴我場矣讀此以記余之感遇及

賊性之極　少翔自記

劉嘉樹太史上彭大司馬書

桂林下士劉名譽頓首再拜上書宮保尚書先生大人閣下名譽仰山斗欲望見顔色久矣分隔雲泥地阻疆域不克自致未遂鄙懷然拜瞻御李之恍靡日不切也伏維先生名世應運奇傑冠時承命視師振威鞠旅逮前古之偉績伐快歷年久憤之人心凡有識知敢不欽悒名譽前於上海申報得見先生臨粤両告示一張皇威而安遠旅一化萑苻以助王師足徵大略雄才早已震懾遐邇譽竊神壯氣旺而欽慕求見之私意愈怦怦而不可遏

嗣又讀入告鴻謨，尤覺忠愛血忱，老謀深算，洋溢紙墨間。及讀至數十年後官不知兵，兵不知戰之一言，又不覺扼腕咨嗟，撫膺太息，而求見之意爲愈不可緩也。譽西粵鄙人，幼而失學，無才受禄，奮圖涓埃，雖長不滿七尺，而心雄萬夫，雖力不勝匹芻，而氣吞洋海。二十以前困於舉業，二十以後困於詞章。今夏留館後，始將有關經濟之書拉雜涉獵，常以紙上談兵，不獲親承指授爲恨事。今而後有所希冀，或斗室中之素志可以幸償也且夫他山不讓土壤河海不擇細流兼收而并蓄者藎臣之廣儲英才也觀名將論兵不若觀名將用兵好學而深思者志士之自增閱歷也先生軍府宏開首隆延攬驊騮騕褭畢獻九方名譽竊不揣踈拙願橐筆從戎投幕府而委身國士然名譽非有奇技異能也非有譎智雄武也旌旂之色未接於目吚唔之聲未絶於耳也顧心不敢不虛力不敢不實膽不敢不

壯節不敢不堅先生因材教之隨時導之名譽當竭慮殫精沈幾審變不為顯榮不為富貴不為聲譽之聞達於諸侯惟抱此感　恩思報之微忱求教誨以期練習夫四海承平二十年自先生及左李曾岑數公而外未聞有繼起特出者大臣之培養人材與士人之自思奮發關甚重而需甚殷設此時悠悠忽忽漫不容心將來出而經世　君上假以尺寸之權誠有官不

如兵如先生所云者譽竊耻之愚昧之言干冒萬狀伏乞鑒原訓示如先生與而不拒明晨當肅謁崇墡登代觀河先紓積愫現今軍事未興名譽又省親念切即當遄返里門少伸烏哺一旦烽烟有警再當馳謁行[illegible]果能識力擴充則雲天高戴矣昔鄧禹二十四仗策而助昆陽諸葛二十四運籌而分鼎足譽今年二十有三學無所成而功無所就其不為高密武鄉之所

笑者幾希矣區區愧勵之隱惟先生憐而鑒之則幸甚幸甚臨穎不勝激切悚惶待命之至

此書見甲申正月初十日申報字句雖不工而亂頭粗服深見士思用世之亟劉君已得　侍從文苑尚欲從戎立功恐無登進其有天下山林豪俊末由登用躍躍以殺賊樹勛者豈能車量斗載寒夜試羊穎錄出鋒穎銳潤宛攝轉側如意可喜也

# 某女士傳略

某女士吳门人姓氏不傳與華𡡉生少即同里闬有文字因缘四年如一日猝遘亂離欝〻以卒美人厄於年命可為古今来一大痛已女士母姚氏字绿姬固側室也生時嘗夢古丈夫授以白菊一枝顏色澄鲜迥異凡卉曰余陶仙也以此為汝家女但當以蘭為偶配俾子壽不必永及醒不解所謂九月雛菊正黃而女生六歲失恃哀號如成人依傅母以長色潔白如玉臉映日若芙容年始十一慧美

無雙書畫詩詞俱能涉獵時初識華鬘生頗執贄受學為女弟子乃授以唐詩是夏華鬘生避暑於虞香青舍蓋女士之別墅也長夏無聊教之作詩雪藕調冰談詩閒作閨閣之事雖有甚於畫眉而卒以禮自持不及於亂自是無日不見相繼而華鬘生去之海上踪跡遂潤酒闌燈炧或無一刻可以去懷曾作眉珠盦憶語數十則以紀當時情事秘諸笥篋不以示人迨來赭寇之亂吳門淪陷女士避兵村落中轉徙倉皇玉損花萎無復曩時

歡緒矣庚申秋間華髮生以省故舊旋一見之木犀花底小語移時自此一面遂成永訣華髮生弔之以詩四章庶幾逢諸九幽之下其一云欲從太上證靈脩不忘鴻泥此小留轉眼鶯花春似夢當頭樓閣月如秋青山有約空埋骨紅豆前生早種愁填海補天應不易相逢今世合休休其二云無端風雨困黃昏獨替花愁早閉門篋裏為求新韻本壺中已謝舊啼痕生無可樂何辭死情尚難忘况受恩灑盡熱秋叢菊淚荒江寂寞臥楓根其三云

玉色瑶情一瞬空家回搔首叩蒼穹簾前語不聞復蔵地

下書難寄隻鴻但有離魂來夢裏徒懷同命各心中燃香

從今誰消遣強趁濤豪賦惱公 其四云惆悵詞成錦瑟篇歌

雖只夢總纏綿一生侶事空歲月半夜哀音遊管弦莽莽寞

煙□宿草茫茫趁水逝華年藥罏經卷無聊日今寫楞

嚴懺悔先

# 眉珠盦憶語

華鬘生撰

某女士姓氏不傳生小即同里閈末由達微波親芳澤也猶憶冬杪春初寒梅始蕊相見於茜紗牕底女士伏几而笑與予不作一語几旁置畫一冊叢樹寒鴉墨跡瀟秀詢之則閨中手筆也予為題詩有人在西風正惆悵又吹落葉上闌干之句今此冊尚為女士所庋藏想當宵闌燈灺時展閱之而惘然也

女士構別室曲折通幽小樓三椽多供古佛予於樓下讀書當日午女士輙至焚香所設熏鑪茶具靡不精好時展縹緗與予共讀喜閱唐宋説部以及稗官雜曲半[illegible]余所指授性絶慧警每覽一過輙不忘今茲斗室精[illegible]盈久無余跡雜花細草猶似前時否追影憶塵彌為悵惘

四五月間予從錦里返讀書小樓下為休夏計女士為予潔冰盌供雪藕涼沁肺腑予以琉璃缾盛清露

饋之一日女士新汲井水雜以薑縷和以梅汁予索飲之女士獨不許曰恐因冷致疾耳今予雖有消渴之疾僻處於茲無地可以逭暑欲求甘泉一勺洗此胸膈間俗氛不可得耳

秋試赴金陵道過長江山光送黛浪花拍天對此風景獨增悽惻顧舟中無可與語者因念女士深處閨闥不能同領壯觀為恨事夜闌人靜挑燈作書并製寄懷詩四章中有那有心情連日醉祇餘雲夢昨宵歸碧玉工愁偏此日泥金帖寫是何年數

聯皆紀實也

女士庭前多植鼠姑春暮盛開巡闌索笑時攜纖手並立檐下以情妙之語互相詰問女若愁若怨宜喜宜嗔意有得之言外者尚憶積雨初晴燒燭夜讌花影歷亂鬓影蕭疎幾不可辨今美人無恙花亦依然而予不能一日相對也思之腹痛

女士能飲尤嗜醴酒能盡十餘觴不醉有鬱金香者仿京江之製芳馨郁烈味極甘醇余購得二甕

以饋女士值此闌藥嫣紅簷花詫紫洗杯相對殊有佳趣余意弗在酒每不及醺女士亦三爵而止今日酒罏轟飲與屠沽為伍霑醉失聲不覺别有棖觸也女士以舊帕贈予淚痕尚在私謂余曰勿為外人道也予以異香熏之置諸枕函每值酒闌夢醒時出視之覺點點盡是血也後為室人夢蘅所見詰余曰此非彼姝之所贈耶予亦笑而不答迄今香埋地下影隔天涯兩處茫茫俱成長恨能勿黯然

女士年幼工愁每有難言之隱秉性嫻靜善處於繼母寵婢之間承事繼母務得歡心女士爲父所鍾愛而人持其短以譖之者亦復不少故輒背人飲泣與予論家事及則撚帶微睇若有所感否則嗚咽不語近聞母之婢去新姨見嬖家庭之事又一變矣不知女士何以處此也夏從錦溪返逭暑小樓得與女士晨夕相聚秋試報罷後即就館錦溪數月始得一見女士與予僅要非無情料得日長繡倦漏永挑鐙之際定必

念及惜以盈盈脉脉未能達此微波耳舊作錦溪寄懷詩末首云欲啼還止雙行咽將别仍牽兩意同曲桁簾波看瑟瑟迴廊屐點聽弓弓非愁非怨情猶昨無據無憑夢未通香墨粉箋和淚寫囑誰好寄此詩筒蓋指女士也今予遠至滬上四閱歲華欲寄寒梅苦無孤雁細字短緘徒見墨跡淚痕之狼藉也

予夏日羅巾微污女士手為洗濯曝諸庭中至夕

收囑其小婢攜入房櫳小婢曰庭中之物頗多豈懼一怕為人所竊女士聞小婢抵觸之詞默不一語啜泣竟夜是事為他媪所述余聞之婉歎不已始知女士一往情深也

予見女士每於日间至於夜深未嘗一叙聚猶憶歲闌時夜漏已半女士父他出未歸坐待殊寒圍鑪團飲女士薄醉余亦微醺女士呼婢小瀹苦茗藉以解醒背鐙而坐與予絮談語及深際輒俯而不答否則怒之以目此境此情非外人所能領會予得親歷者三載

有奇至今神情掩斂猶如昨也穽〻旅牕一鐙如豆輙呼負負不置

余舊作深鎖詩一律暗紀夜來女士之事今稿已散佚僅記四句云深鎖蔵蕤隔幾重淚痕已凝枕函濃見偏掩斂如神合日尚猜疑況夜逢銷魂畫在箇中矣

女士與予共讀之時日長多暇戲搜古人書籍於唐宋說部中見事之涉於有情者必手為校錄蠶眠

細字盈几滿篋女士曰他日若得成書當名之曰剪愁瑣録又謂余曰我兩人情事不可不誌爰成一集出以度詞句甚瑰麗凡閨閣之語言離合之端委悉備載於後其予應試白門此事遂廢今數卷尚存於破簏觸撥前塵不忍展閱當西風起後紅豆開時啟緘細讀淚從聲下也

予曾著華胥實録一書純記夢中與女士相遇之事頗涉狎昵女士見之始則頰微赬繼而淚終忽大

慍即欲持白父母以情婉求之不可方緩頰間其父母俱從堂中出予窘甚將逸而女士已拭淚危坐女士父母以其神色有異變問其故則以天寒衣冷對明日予至即以書還袖中予曰昨日令人心膽俱裂今請焚之以謝過女士一笑而罷近人題拾煤記詩有云紅閨冢怕人傳説為勸蕭郎莫箸書女士亦即此意

余思慕女士勝於飢渴别輒有夢亦不知其所從

也夢裏綢繆亦難自主千回百折別有深情一夕夢讀女士寄懷詩五首情詞愴惻余捧之而泣晨雀喧簷蘧蘧然而覺今別已久不作此佳夢豈因緣已盡并此夢境而亦靳之乎

女士不喜焚香謂世俗所炷者皆非珎品着於衣袂常帶烟火氣每至冬月獨於小熏爐中雜以水沈香屑不見烟篆滿室中自覺芳馥垂簾默坐萬念俱寂令予逐臭海濱久不領略此味迴憶東花簾底細撥爐

仄絮談愁悒此境幾疑為天上也

余家有蠟梅一株花繁而艷香徹齋室余蚤起必摘含蕊以供女士晨粧記得冬夜漏殘嫩寒料峭女士擁爐未睡以碧磁碗盛花數種倩余細揀貫以紅線裝以銅絲盤於鬢髻長短相宜女心慧士妙想大率類此

女士所居室宇務極曲折堂後折而東為之書齋齋之左折而南繚以長廊由堂而東有精舍三楹

地極僻靜庭中疊石成臺多種薝蔔臺左芭蕉一株新碧欲滴夏雨初過綠滿一室窗明几淨殊有幽趣女士臨池作畫常在於此偶婢媪不在側余為之調碧研朱儷青配白時泥金甚貴里中無此品女士輒市金葉以指甲研之亦復細潤可書非女士細心體會亦不到此

精舍地勢卑下牆宇甚峻日光不至故夏日殊涼靜坐斗室中幾不知有盛暑然高樹叢篠蘢翳窗牖

晴亦疑雨入之覺陰森之氣逼人一日時方炎夏天忽陡變余訝此時何得有秋意女士曰豈不聞諺云預先十日作秋天耶是非天公喜事故作秋蓬鬆也予即歎其敏慧明日忽又酷熱予笑謂曰天公性情狡獪任爾聰明終猜不出矣女士亦為粲然

余與女士飲酒不設觴政間為射覆否則猜枚負者擘腕為罰即酒亦各隨其量女士不喜拇戰雖甚之不屑發聲纖指青蔥弗肯輕露余

戲呼為鈎弋夫人紅燈影裏角絲尋歡每每繼以嘲謔第不及亂耳醉眼茸茸偷攏薄鬢此景已隔數年矣日月如馳所思不見令人何堪回首

殘春向盡海棠初開小雨霏微薄寒如水女士偶抱小恙余自吳淞歸與之相見執手瞪視不作一語藥鐺狼藉猶擁書數十卷以為消愁計病稍起小閣垂簾襟弄翰墨拈筆撚脂偕余破穿然腕殊弱作百餘字遂止女士填清平樂一闋自紀其事曰悟

如水小閣簾垂地料理藥鑪人病起乍暖乍寒天氣
春晴落在誰家春風薄透窗紗對鏡誰知容纔
減一春愁殺梨花今冥想此境不可復得為作一絶
句云鑪煙鬢影剗想思薝蔔花開曉起遲苦憶日
長臨禊帖水晶簾底界烏絲
女士於余愈昵而愈疎於數人雜坐之際聞余聲即
而不出稍發一語紅暈於頰昔時余頫至錦溪往
辭女士女士必謂余曰風光寒峭幸自珍重至後

相辭祇微應曰唯不復更置一語其情則萬種纏綿其詞則一字吞吐天荒地老此恨綿々室邇途渺永無見期思之酸鼻零涕弗止恨不奮飛至彼一傾肝鬲也

初余幼時左臂有黑痣及長如澹墨約畧可辨女士把予臂諦視再四余曰是未為奇因出右手有文如王字點畫明朗女士笑云与姓巧合不殊當日宋仲子也乃言已腹之右亦有赤痣因解 羅襦以相眎余視之紅

痕嫣然纖纖一灣狀若新月嗟乎女士於親故每不甚酬應而獨與余相昵若此其殆有夙契也耶何以雲散風流一別不見乎

女士一日晨起雲鬟蓬鬆流連小閣余適踵至笑指屏上一姬曰是臨鏡理粧者丰神澹遠酷肖卿耶女曰是為羅氏所畫筆致猶覺秀逸閣中文牕棐几設陳殊雅花枝婭姹頗堪寓目娱閣為女士生母之閒房其母早殞遂閉寘女士每至其地輙為傷

悼余為曲意慰藉也

予於季夏從錦溪歸女士出見秀影亭 殊勝於昔薄暮設讌於小闌干側女士與予對坐栝酒迴環殷勤相勸几側置唐詩一卷字跡端媚女士所手録也女士為予背盧仝月蝕詩不爽一字亦奇慧也

邨中三月農父多演劇賽神士女畢集女士約余乘舟往觀余至殊早女士晨妝未竟髮香而細雲髻初盤真覺娟秀如畫余以扇幛日偶為篙工

所破女士婉惜弗置余曰撕扇子作千金一笑耳女士不語良久俯首微哂曰君非寶玉妾豈晴雯何得以醜語詆人也因為累日不懽越日余謂之曰一昨失言吾知過矣女士則他顧而笑此境此情今追憶之不啻夢幻也

女士於稗史中酷嗜紅樓夢茶餘飯罷把翫不忍釋手讀至黛玉焚詩輒為彈淚謂予曰此天下有情人也予心誌之而知女士尤深於情者於傳奇中則牡丹

亭西廂記反覆瀏覽研匣隨身筆牀左手小帙短編拋滿繡檷圖書裝裹鬟影溥婆娑亦佳話也

女士修短適中穠纖合度將笄之年靡曼寡儔猶憶仲春時予從鹿城應試歸饋以香串繡帕女士堅不肯受强之再四乃納諸袖後越旬日女士忽謂余曰曩君所贈之物已分惠小婢矣余曰何爲卿誑余耶女士曰君意良厚然是物不欲藏諸笥篋予錯愕不語女士亦迴頭無言其詞恍惚是耶非耶至今猶成疑竇也

女士年稍長即不輕見余避予若仇然於深幄垂簾之地猶共促膝私語一日四顧無人女士謂予曰君與我異日當何如余曰在天願作比翼鳥在地願為連理枝此心耿耿終不敢忘女士忽大愠雙眥熒然盈盈欲涕不語者久之而不樂與余者數日

女士雖不談禪而微言雋論往往有禪理性不喜囂碧牕寥闃澹然獨坐嘗謂余曰佞佛者愚闢佛者妄精廬小憩炷香誦經可懺惡緒若布施緇流躬

詣寺剎以為精虔敬禮可冀往生福地竊非所取

女士家風酷信空王其言蓋有所指也

女士於淡粧素抹時更有丰度吳俗卜葬例於冬季女士之母出槥縞衣如雪鬒髮如雲含淚秋波益覺嫵媚是夕達曉不寐鬢鬟斜嚲倦態惺忪渾似海棠春睡未足古人云具真美者粗服亂頭皆有意致洵非虛語

女士于食品別有嗜好火肉則喜食肥者雞鶩

則以醋炙之謂風味殊勝蟹黄魚白也女士之母烹飪極精女士習染其風盡得其秘今護世城中久不至矣幕巢海上所對者惟市脯邨醪每憶及之食爲之減

女士雖慕閒静尠歡笑而良辰吉日必設小讌燒燭看花隨流置斝其時女士親串有能歌者爰招予共酌長蓬一般琵琶數奏女士細聆其韵之抑揚聲之宛轉即曰余得之矣然不屑一效也

女士製紅樓夢籌以寶玉爲主而黛玉寶釵副焉其下則李紈王熙鳳其餘諸姊妹以次遞及羣婢亦分數等齒高爵尊者例不入籌其製略仿會籌而小變其式謂骰子自唐宫賜緋之後以紅爲貴故四合巧即可得寶玉色勝者奪且寶玉正宜奪也呼盧賭采猶不失爲閨閣韻事每值放燈時節遨巡戲擲藉消餘閑若簫鼓喧闐非所尚也

女士於女紅頗不留意然偶有所作亦時見慧心翦

紙為花窮極細巧吳俗於上元夜喜迎紫姑女士每製繡履峭如菱角工麗罕匹至于夜午叙卜鞋占奇變百出聞邇来從鉞孃學繡定有麗製惜予索筆瀛壖不得覩迴文十幅也

精舍以紆折取勢迴廊屈曲屏户重幃圓竇如月别有洞天入之疑非塵境隔墻多種紫竹爽籟颯至聲韵冷然如戛玉夏日午後女士必來納凉每聞繡履丁丁環釧微響則知女士將至矣小榻之旁左圖右史時與並

坐商榷古今柔情婉戀不復拘於形迹及詣錦溪嘗欲仿微之體作雜憶詩數十首不果成也今日思之渺如隔世此生此世終成恨事寒夕坐愁不覺鬢絲之如雪也

# 後記

上世紀八十年代後期在拜讀佛雛《王國維詩學研究》時，見有引文出自國學大師王國維父親王乃譽《日記》，印象頗深。一九八七年王國維故居首次佈展時，我們曾去上海徐家匯圖書館古籍部查閱資料，得到了王國維之子王登明、弟子戴家祥等前輩的慷慨相助，但那時淺學寡識，並不知道這部《日記》的存在。其後雖已獲知，但書中未示出處，故居佈展業已完成，也疏於訪求，竟一擱二十餘年。期間隨時間推移，對海寧地域文化認知漸深，心念時起。雖佛雛所引篇幅有限，但足可窺視《日記》藴含豐富之鄉邦史料，這於從事地方文史工作的人而言，其誘惑力可想而知。九十年代在故居陳設調整時，前廳增懸「娱廬」匾額，即以王乃譽《日記》手稿自題「娱廬隨筆」爲依據。

直至二〇一一年八月二十七日，海寧圖書館召開「地方文獻建設與鄉土文化閱讀」研討會，幸會王國維曾孫王亮，言及此事，方知《日記》詳情，喜不自勝，遂議收集影印，以廣流傳。並得到王國維研究會會長王學海、海寧文史學者虞坤林等同好相佐，共求其成。《日記》記述清光緒十七年（一八九一）至三十二年（一九〇六）十六年間人與事，涉及「海寧商貿興衰、社會變遷、文士交遊、人情風土，包藴豐富」（王亮《王乃譽光緒乙丙間〈娱廬隨筆〉日記册》），如常趨海神廟水仙閣之海寧圖書館讀報、與藏書家張謂漁等海寧文人品古論書，乃至反映觀潮、築塘、旱澇、市井百業等，點點滴滴，巨細靡遺。尤其記述王國維少年事蹟，課子經歷，隨筆所載，足證於王國維學術根基和治學風格之深厚影響，向爲學界倚重。從另一側面，更可窺一方水土之内，農商風雅之間，家風、學風承繼之一斑。《日記》具有較高的鄉邦文史與學術研究價值，是爲諸同仁力主影印之共識。許是因緣使然，次年五月，我調入史志辦，分管文獻整理編撰，柴偉梁主任與我都參與過王國維故居重修及有關紀念活動等工作，於此珍貴文獻亦求之不得，故相知相惜，即議即決，計畫始定。

此影印本以《王乃譽日記》爲書名，實含王乃譽遺稿九種，包括《娱廬隨筆》十九册、《雜件》一册、《變法平議并吉金所見録等數種》一册、《竹西卧遊録》一册、《畫粕》三册、《題畫詩》一册、《可人》一册、《古錢考》一册、《如是觀偶録》一册等。其中《娱廬隨筆》前十八册及其他八種，爲上海圖書館所藏。《娱廬隨筆》第十九册，爲王氏家傳；王乃譽手稿散頁四葉，出自《日記》末册，王國維之女王東明多年前捐贈臺灣新竹清華大學，此次影印，仍置於該册之末。卷首收入王乃譽山水册頁，爲海寧博物館所藏。此次將上述善本並吉光片羽結於一集，又選録王國維《先太學君行狀》代王乃譽小傳，邀請百歲人瑞王東明女史作序，頗稱珠聯璧合。其間多承王亮先生費心勞力，並提供家傳本與散頁書影，足見文脈相傳，生生不息。

影印本列爲海寧市史志辦地方珍稀文獻整理出版重點項目，歷時兩年有餘。在工作過程中，得到上海圖書館、中華書局、海寧博物館的大力支持，上圖歷史文獻中心黄顯功、中華書局古籍出版中心俞國林、海寧博物館許賽君、劉碧虹等，給予了熱情幫助並付出辛勤勞動，在此一併致以衷心感謝！更值得一提的，是柴偉梁主任的親自操持和諸多協調，得以玉成其事。特謹記於後。

張鎮西

二〇一四年六月二日